BEI GRIN MACHT SICH WISSEN BEZAHLT

- Wir veröffentlichen Ihre Hausarbeit,
  Bachelor- und Masterarbeit

- Ihr eigenes eBook und Buch -
  weltweit in allen wichtigen Shops

- Verdienen Sie an jedem Verkauf

Jetzt bei www.GRIN.com hochladen
und kostenlos publizieren

Timo Krotzky

Analyse und algorithmische Erweiterung von Methoden zum strukturellen Vergleich von Proteinbindestellen

GRIN Verlag

Bibliografische Information der Deutschen Nationalbibliothek:

Die Deutsche Bibliothek verzeichnet diese Publikation in der Deutschen National-bibliografie; detaillierte bibliografische Daten sind im Internet über http://dnb.d-nb.de/ abrufbar.

Impressum:

Copyright © 2010 GRIN Verlag GmbH
Druck und Bindung: Books on Demand GmbH, Norderstedt Germany
ISBN: 978-3-640-94620-4

Dieses Buch bei GRIN:

http://www.grin.com/de/e-book/174236/analyse-und-algorithmische-erweiterung-von-methoden-zum-strukturellen-vergleich

GRIN - Your knowledge has value

Der GRIN Verlag publiziert seit 1998 wissenschaftliche Arbeiten von Studenten, Hochschullehrern und anderen Akademikern als eBook und gedrucktes Buch. Die Verlagswebsite www.grin.com ist die ideale Plattform zur Veröffentlichung von Hausarbeiten, Abschlussarbeiten, wissenschaftlichen Aufsätzen, Dissertationen und Fachbüchern.

Besuchen Sie uns im Internet:

http://www.grin.com/

http://www.facebook.com/grincom

http://www.twitter.com/grin_com

Analyse und algorithmische Erweiterung von Methoden zum strukturellen Vergleich von Proteinbindestellen

Diplomarbeit im Studiengang Diplom-Bioinformatik
des Fachbereichs Biowissenschaften und
des Fachbereichs Informatik und Mathematik
der Johann Wolfgang Goethe-Universität
Frankfurt am Main

Timo Krotzky, August 2010

Danksagung

Diese Arbeit hätte ohne die Unterstützung vieler Personen niemals so, wie sie nun vorliegt, entstehen können. Mein besonderer Dank gilt deshalb:

- Prof. Dr. Eyke Hüllermeier, der mir das wunderbare Diplomarbeitsthema angeboten hat, welches genau meinen Vorstellungen entsprach.

- Thomas Fober und Marco Mernberger, die mich während meiner Arbeit immer unterstützt, mir sämtliche (zum Teil trivialen) Fragen äußerst geduldig beantwortet und meine Ausarbeitung Korrektur gelesen haben.

- Den übrigen Mitgliedern der Arbeitsgruppe von Prof. Hüllermeier, die mir bei vielen Problemen hilfreich zur Seite standen und mir die kulinarischen Spezialitäten der Marburger Mensa näher gebracht haben.

- Elisabeth Stenschke für die Versorgung mit Lektüre zum Programm LaTeX sowie das Tutorial zum ersten kleinen LaTeX Dokument.

- Meiner Freundin Tanja sowie meinem übrigen Freundeskreis, die mich, immer wenn es nötig war, von der Diplomarbeit ablenkten und Dinge mit mir unternahmen, die so absolut überhaupt nichts mit Programmierung, Informatik und Mathematik zu tun hatten.

- Meinem Bruder Mirko, der die gesamte Arbeit korrigierte und von sämtlichen Rechtschreibfehlern und sprachlichen Ungetümen befreite.

- Meinen Eltern für die moralische und — vor allem — die finanzielle Unterstützung während meines gesamten Studiums.

Inhaltsverzeichnis

Kapitel 1

Einleitung

1.1 Pharmazeutische Wirkstoffentwicklung

Biochemische Prozesse in einzelnen Zellen oder Organismen werden normalerweise durch molekulare Interaktionen und Erkennungen zwischen verschiedenen Molekülen bzw. Makromolekülen gesteuert. Durch das Zusammenwirken mehrerer Moleküle entstehen zum Teil sehr lange kaskadenartige Signalwege, die des Öfteren bereits durch Fehlen oder Veränderung eines Teilnehmers der Wirkungskette gestört werden können. Das Ziel des pharmazeutischen Wirkstoffdesigns ist es, einen neuen Wirkstoff (*Ligand*) zu entwickeln, der spezifisch an ein Zielmolekül (engl. *Target*) oder eine Gruppe von Targets bindet und somit eine oder mehrere Rezeptor-Ligand-Interaktionen gezielt beeinflusst. Ebenso ist auch die Entwicklung von Molekülen zu einem anderen Zweck denkbar, beispielsweise um die Substratbindestellen von Enzymen zu blockieren. Diese Interferenz kann dabei einerseits einem kurativen Zweck wie etwa der Heilung von Krankheiten oder der Linderung derer Symptome dienen und andererseits einem präventiven. Die Selektivität

eines Wirkstoffs in Bezug auf das designierte Target ist dabei von ausgesproche-
ner Wichtigkeit, da anderenfalls auch weitere Signalwege unbeabsichtigt verändert
werden könnten, was mitunter schwerwiegende Auswirkungen auf den betroffe-
nen Organismus haben kann. Diese Arten von unplanmäßigen Reaktionen eines
biologischen Rezeptors auf den verabreichten Wirkstoff werden als „unerwünschte
Arzneimittelwirkungen" oder allgemein als „Nebenwirkungen" bezeichnet.

1.1.1 Physiologische Funktion der Wirkstoffe

Die Wirkung, die ein Arzneistoff im Körper entfaltet, besteht oft in einer Konforma-
tionsänderung des Targetmoleküls (allosterische Hemmung) oder der Blockierung
des aktiven Zentrums (Bindestelle), das üblicherweise mit einem herkömmlichen,
körpereigenen Stoff in Interaktion tritt (kompetitive Hemmung). In beiden Fällen
wirkt der Arzneistoff als Inhibitor einer im Organismus oder in der Zelle ablau-
fenden Signalkaskade (Abb. 1.1). Aus Gründen der Verträglichkeit werden ge-
wöhnlicherweise Liganden gesucht, die nicht-kovalent und damit reversibel an ein
Targetmolekül binden.

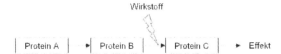

Abbildung 1.1: **Illustration zur Wirkungsweise eines Arzneistoffs.** Die Interaktion von zwei
oder mehr Proteinen führt zum physiologischen Effekt im Körper. Durch die Unterbrechung des
Signalwegs wird dieser Effekt abgeschwächt oder komplett eliminiert.

Beim Design eines neuen Wirkstoffs wird zudem große Aufmerksamkeit auf die
Optimierung der so genannten ADMET-Eigenschaften gelegt. Hierbei wird versucht, die molekularen Eigenschaften in Bezug auf Aufnahme, Distribution, Meta-

bolismus, Exkretion und Toxizität zu verbessern. Ein guter Arzneistoff wird demnach vom Körper einfach aufgenommen (idealerweise durch orale Einnahme), verteilt sich umgehend, um schnell zu seinem Wirkungsort zu gelangen, beeinflusst den Stoffwechsel nicht auf negative Weise, wird vom Körper einfach abgebaut und ausgeschieden und entfaltet keine toxischen (giftigen) Eigenschaften. Ein *de novo* Design-Ansatz, bei dem versucht wird, ein völlig neues Molekül zu konstruieren, das nicht von bereits bekannten Liganden abgeleitet ist, gestaltet sich auch aus diesem Grund besonders schwierig, da keine bereits optimierten ADMET-Eigenschaften von einem Templatemolekül übernommen werden können.

Zudem hat es sich im Wirkstoffdesign etabliert, die so genannten *rule of five* (Lipinski *et al.*, 2001) zu beachten, um eine möglichst hohe *drug-likeness* des entwickelten Moleküls zu erreichen. Um diesen Regelsatz verstehen zu können, soll zunächst der Wasserstoffbrücken-Begriff kurz erläutert werden. Wasserstoffbrückenbindungen (oder kurz „H-Brücken") sind nicht-kovalente Bindungen zwischen so genannten dipolaren Molekülen unter der Beteiligung von Wasserstoffatomen. Ein sehr gutes Beispiel für H-Brücken findet sich bei den Wassermolekülen (H_2O). Dies sind Dipolmoleküle mit ungleicher Ladungsverteilung. Es existieren daher Bereiche negativer Teilladung $\delta-$ und positiver Teilladung $\delta+$ (Abb. 1.2). Demzufolge können die sehr elektronegativen Sauerstoffatome schwache nicht-kovalente Bindungen mit den positiv geladenen Wasserstoffatomen eines Nachbarmoleküls eingehen. Das Sauerstoffatom wird dabei als Wasserstoffbrückenakzeptor und das Wasserstoffatom als Wasserstoffbrückendonor bezeichnet.

Die *rule of five* besagen nun, dass das entwickelte Molekül nur dann ein guter Arzneistoff werden kann, wenn es nicht mehr als zwei der folgenden Merkmale besitzt:

- Molekulargewicht über 500 Dalton

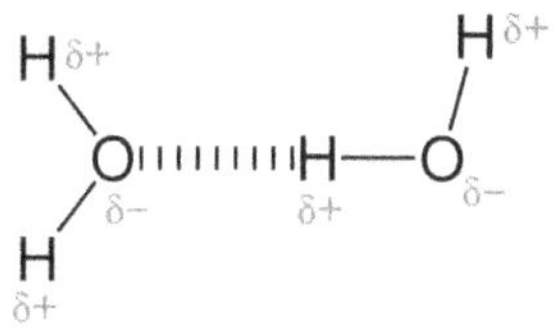

Abbildung 1.2: **Wasserstoffbrückenbindung zwischen zwei Wassermolekülen.** Wassermoleküle bilden Dipole mit ungleicher Ladungsverteilung ($\delta-$ und $\delta+$). Die negativ geladenen Sauerstoffatome können nicht-kovalente Bindungen mit den positiv geladenen Wasserstoffatomen eines anderen Wassermoleküls eingehen. Quelle: http://de.wikipedia.org.

- hohe Lipophilie, was eine gute Löslichkeit in Fetten und Ölen besagt ($clogP > 5$)

- mehr als 5 Wasserstoffbrückendonoren

- mehr als 10 Wasserstoffbrückenakzeptoren

Die Regeln wurden von LIPINSKI, einem Mitarbeiter des Pharmaunternehmens Pfizer, postuliert und erhielten ihren Namen dadurch, dass jede Regel ein Vielfaches der Zahl 5 beinhaltet.

1.1.2 Rezeptor- und ligandenbasierte Wirkstoffentwicklung

Generell gibt es zwei grundsätzliche Ansatzpunkte für wissensbasierte Wirkstoffentwicklung, anhand derer ein Wirkstoffentwicklungsprozess durchgeführt werden kann: rezeptorbasierte Ansätze und ligandenbasierte Ansätze. Bei ersterem stellt die aktive Stelle des Rezeptors die Grundlage für den Entwicklungsprozess dar. Ein Ligand, der einen entsprechenden Komplex mit dem Rezeptormolekül bildet, ist dabei meist nicht bekannt. Abbildung 1.3 zeigt einen Designzyklus, der Ende der

90er Jahre für die rezeptorbasierte Wirkstoffentwicklung konzipiert wurde (Boyd, 1998; Martin *et al.*, 1999).

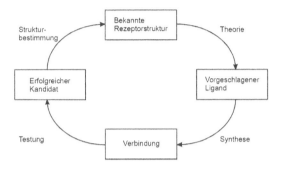

Abbildung 1.3: **Allgemeiner Ansatz zum rezeptorbasierten Ligandendesign.** Ausgehend von
einer bekannten Rezeptorstruktur werden mögliche Liganden vorgeschlagen. Nach der Synthese und biologischen Testung wird von erfolgreichen Inhibitorkandidaten eine Rezeptor-Ligand-
Struktur ermittelt, die als Startpunkt für den nächsten Designzyklus dient. Quelle: Gohlke, 2000.

Rezeptor und Ligand sollen nach einem erfolgreichen Moleküldesign einen Komplex bilden, der energetisch günstiger ist, als es Rezeptor und Ligand in ihrer ungebundenen Form sind. Bereits 1873 formulierte WILLARD GIBBS dies als Änderung
der freien Energie ΔG und stellte seine allbekannte Energiegleichung

$$\Delta G = \Delta H - T\Delta S$$

auf, wobei ein negativer Wert für ΔG eine spontane Komplexierung der beiden Moleküle bedeutet. ΔG ist also abhängig von der Änderung der Enthalpie H, der Tem-
peratur in Kelvin T und der Änderung der Entropie S.

Im Falle eines bekannten Liganden zu einem Rezeptor erscheint es daher sinnvoller
zu versuchen, nach dessen Vorbild einen neuen Liganden mit stärkerer Bindungsaf-
finität und größerer Selektivität zu entwickeln. Ansätze des molekularen Designs,

die auf dieser Idee basieren, bilden die zweite große Klasse der Arbeitsmethoden im Wirkstoffdesign. Sie werden als „ligandenbasiert" bezeichnet.

Eines der größten Probleme beider Arbeitsmethoden stellt der *induced fit* bei der Komplexbildung zweier Moleküle dar. Sowohl Rezeptor als auch Ligand können sich dabei in ihrer Konformation verändern und somit ein neuartiges, unvorhersagbares Gebilde formen. Abgesehen davon, kann ein *induced fit* sogar solch große Formveränderungen bewirken, dass während der Bindung eines Liganden an einen Rezeptor eine neue Bindetasche für ein weiteres Ligandenmolekül entsteht. Beobachtet wurde dies beispielsweise bei der Bindung des antiproliferativ wirkenden Wirkstoffs Monastrol an das Kinesin-Spindel-Protein. Während der Komplexierung dieser beiden Moleküle bildet sich eine neue Bindetasche für ADP sowie ein Magnesium-Ion (Schneider und Baringhaus, 2008).

1.2 Grenzen der Berechenbarkeit

Neben dem oben angesprochenen Phänomen des *induced fit* gibt es noch viele weitere große Herausforderungen, die an ein erfolgreiches Wirkstoffdesign gestellt werden. Eines dieser Probleme stellt die bioaktive Konformation eines Moleküls dar.

Obwohl anzunehmen ist, dass sich ein Molekül normalerweise genau in der Konformation befindet, die dessen globales Energieminimum darstellt, belegen diverse Untersuchungen, dass die bioaktive Konformation eines Liganden, die mit dem Rezeptor in Interaktion tritt, häufig von diesem globalen Minimum abweicht. Ebenso wurde festgestellt, dass die räumliche Struktur zweier Partnermoleküle eines Rezeptor-Ligand-Komplexes mitunter stark von den beobachteten Kristallstrukturen der ungebundenen Moleküle differiert (Boström, 2001; Boström *et al.*, 2003;

Vieth *et al.*, 1998; Boström *et al.*, 1998; Kirchmair *et al.*, 2005; Nicklaus *et al.*, 1995; Perola und Charifson, 2004; Sadowski und Boström, 2006).

Das Problem dieser Limitation der Berechenbarkeit physikalischer Gesetzmäßigkeiten, welches insbesondere beim computergestützten Wirkstoffdesign von großer Bedeutung ist, erkannte PAUL DIRAC bereits in den späten 20er Jahren des 20. Jahrhunderts:

> *The underlying physical laws necessary for the mathematical theory of a large part of physics and the whole of chemistry are thus completely known, and the difficulty is only that the exact application of these laws leads to equations much too complicated to be soluble.* (Dirac, 1929)

Diese Schwierigkeit der *ab initio*-Verfahren, die DIRAC seinerzeit beschrieb, bestimmt noch bis heute grundlegend die Verfahren der molekularen Wirkstoffentwicklung. Methoden zur Entwicklung von idealen Wirkstoffmolekülen bleiben für Mediziner und Pharmazeuten demzufolge weiterhin eine Utopie. Vielmehr geht es heute darum, wissensbasierte Ansätze zu erarbeiten, bekannte Informationen von beteiligten Prozessen und Molekülen zusammen zu tragen und sich diese für die Entwicklung von neuen Molekülstrukturen oder auch die Optimierung von bereits existierenden Wirkstoffen zu Nutze zu machen. Natürlich sind Computersysteme sehr gut für das molekulare Design und die automatisierte Generierung neuer Moleküle durch Fragmentbibliotheken wie etwa RECAP (Lewell *et al.*, 1998) geeignet, jedoch stoßen sie bei den großen Problemen der multidimensionalen Optimierung und den damit verbundenen hohen Berechnungskosten schnell an ihre Grenzen. Das Problem der multidimensionalen Optimierung kann als eine Gleichung der Art

$$f(p) = w_1 p_1 + w_2 p_2 + \ldots + w_n p_n$$

verstanden werden, wobei w_i der i-te Gewichtsfaktor und p_i die i-te Zieleigenschaft der Gesamtlösung ist (Schneider und Baringhaus, 2008). Es ist sehr schwierig, die

7

optimalen Gewichtsfaktoren für jeden Zielwert zu ermitteln. Lösungen dieser Gleichung lassen sich auch als Stellen auf der Paretogrenze des Suchraums verstehen.

Aus diesen Gründen haben sich im Laufe der Zeit viele approximative Methoden entwickelt, die vor allem große Moleküle nicht in ihrem hochkomplexen Aufbau mit allen Atomen und Bindungen abbilden, sondern lediglich als ein abstraktes Modell, das jedoch weiterhin genau die physikochemischen Eigenschaften beinhaltet, die für den Prozess der Wirkstoffentwicklung von größter Bedeutung sind. Ein Beispiel für diese Vorgehensweise ist das so genannte Pharmakophorkonzept (Ehrlich, 1909). Das ursprüngliche Molekül wird hierbei durch eine Menge von Sphären repräsentiert, die Aussagen über die physikochemischen Eigenschaften der verschiedenen Molekülbereiche treffen. Eine Illustration eines solchen Pharmakophormodells zeigt Abbildung 1.4.

Abbildung 1.4: Beispiel eines Pharmakophormodells. Das Molekül wird durch eine Menge von Sphären, welche die Schwerpunkte bestimmter biochemischer Eigenschaften beschreiben, approximiert. Die Farben und Größen der Sphären geben an, um welche Art von Eigenschaften es sich handelt und wie stark diese exprimiert sind. Quelle: http://www.cup.uni-muenchen.de/ph/aks/wanner/newhome/Forschung/Modeling, 07.06.2010.

Oftmals wird das Pharmakophorprinzip beim ligandenbasierten Moleküldesign eingesetzt. Nach Vorgabe des bekannten Liganden wird ein Pharmakophormodell erzeugt, das im weiteren Verlauf des Entwicklungsprozesses als Vorlage (engl. *Template*) für die neue Molekülstruktur dient.

1.3 Biomolekulare Datenbanken

Das einzige Sichtfenster in die Welt der molekularen Wechselwirkungen sind bekannte Rezeptor-Ligand-Komplexe. Informationen über die zugehörigen Anordnungen der beteiligten Atome im Raum liefern die NMR-Spektroskopie (von engl. *nuclear magnetic resonance*) und die Proteinkristallographie (Clore und Gronenborn, 1991; Wüthrich, 1986; Chayen *et al.*, 1996; Drenth, 1999; Glusker *et al.*, 1994). Bekannte Konformationen und andere Informationen zu biochemischen Strukturen werden für gewöhnlich in biomolekularen Datenbanken abgelegt. In solchen Datenbanken befinden sich bereits jetzt sehr viele Informationen jeglicher Art und die Entwicklung der vergangenen Jahre zeigt, dass mit einem immer schnelleren Zuwachs an veröffentlichten Daten zu rechnen ist. Am Beispiel der *RCSB Protein Data Bank* (PDB), einer Datenbank für 3D-Strukturdaten von Proteinen und Nukleinsäuren, lässt sich belegen, dass die Gesamtmenge der gespeicherten Strukturen von Jahr zu Jahr um einen ansteigenden Beitrag wächst; das Wachstum der PDB ist exponentiell (Abb. 1.5).

Es werden demzufolge Methoden benötigt, um die Informationen, die sich in diesen erworbenen Daten verbergen, auch für andere Wissenschaftler zugänglich zu machen. Die Informationen, die aus den gespeicherten Daten gewonnen werden sollen, unterscheiden sich hierbei stark anhand der zugrunde liegenden Problemstellung. Im Laufe der Zeit haben sich viele verschiedene Datenbanken entwickelt, in denen erworbenes Wissen jeglicher Art abgelegt wurde. Bezüglich ihres Verwendungszwecks sind Informationen in den jeweiligen Systemen bereits in gewisser Weise

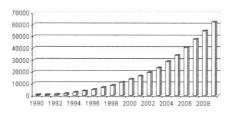

Abbildung 1.5: Entwicklung des Inhalts der *Protein Data Bank* (PDB). Am Beispiel dieser biomolekularen Datenbank ist deutlich zu erkennen, dass die Anzahl aufgeklärter Proteinstrukturen exponentiell ansteigt. Quelle: http://www.rcsb.org/pdb, 07.06.2010.

vorsortiert. Die folgende Auflistung zeigt einige Beispiele dieser zweckorientierten Datenbanken (Schneider und Baringhaus, 2008):

- WDI (*World Drug Index*) von Derwent Information London, UK. Enthält über 80.000 pharmazeutische Verbindungen aller Entwicklungsstufen.

- MDDR (*Drug Data Report*) von MDL Information Systems, USA. Enthält eine Zusammenstellung von mehr als 180.000 Strukturen und Aktivitätsdaten von Verbindungen aus den frühen Stufen der Wirkstoffentwicklung.

- CMC (*Comprehensive Medicinal Chemistry database*) von MDL Information Systems, USA. Enthält über 8.000 Strukturen und Eigenschaften von Wirkstoffmolekülen.

Ergänzt werden empirisch erworbene Daten durch zusätzliche hypothetische Molekülstrukturen, die mit Techniken der Homologiemodellierung berechnet wurden (Burley *et al.*, 1999; Rost, 1998).

1.4 Ziel dieser Arbeit

Neben weiteren biomolekularen Datenbanken wurde auch ein System namens *Relibase* (Hendlich *et al.*, 2003) geschaffen. Relibase wurde speziell für die Analyse von Protein-Ligand-Komplexen entwickelt. Mit diesem System können sowohl Sequenzmuster in Proteinen gesucht als auch Konnektivitäten der gebundenen niedermolekularen Liganden verglichen werden. Die Datenbank nimmt automatisch eine Überlagerung von Proteinen vor, wobei sie sich um eine optimale Überlagerung der Bindetaschen bemüht. So ausgerichtete Strukturen lassen sich systematisch dahingehend auswerten, welche Aminosäuren in die Wechselwirkungen mit Liganden einbezogen sind, welche funktionellen Gruppen die Liganden verwenden, um mit den Aminosäuren des Proteins zu interagieren, welche Reste in der Bindetasche immer wieder in identischer Geometrie vorliegen und vieles mehr (Klebe, 2009).

Ein in die Datenbank Relibase implementiertes Suchprogramm namens *Cavbase* ermöglicht darüber hinaus Vergleiche von putativen Bindetaschen der enthaltenen Proteine. Auf diese Weise sollen mögliche Kreuzreaktivitäten von neuen Wirkstoffen erkannt werden und Vorschläge für einen denkbaren isosteren Ersatz bei der strukturbasierten Optimierung erster Leitstrukturen vermittelt werden können. Darüber hinaus kann durch diese Vergleiche eine Klassifikation von Rezeptorstrukturen erreicht werden.

Ziel der vorliegenden Arbeit ist es, diese Bindetaschenvergleiche des Cavbase-Moduls zu optimieren. Die Repräsentationen der Bindestellen, die als Eingaben für die Vergleichsalgorithmen dienen, werden dafür in Bezug auf ihre physiochemischen Eigenschaften unschärfer erfasst. Dadurch sollen abstrakte Taschenvergleiche gelingen, die weitreichendere Strukturähnlichkeiten zwischen Bindetaschen erkennen können, als es bisher möglich war.

11

Außerdem wird die räumliche Struktur (Konvexität bzw. Konkavität) einzelner Oberflächenbereiche in die Vergleiche miteinbezogen. Die dreidimensionale Form von Bindetaschenregionen wurde bislang noch nicht von den Vergleichsalgorithmen bewertet, sondern nur durch eine nachträgliche Filterung der Ergebnisse berücksichtigt. In der Vergangenheit wurden bereits einige Filterungsansätze im Rahmen des Wirkstoffdesigns entwickelt, welche die äußere Form von Molekülen als wichtiges Ähnlichkeitskriterium betrachten. Beispiele sind die Software ROCS (von engl. *Rapid Overlay of Chemical Structures*) für 3D-Molekülalignments (Rush *et al.*, 2005) sowie Shapelets (Proschak *et al.*, 2007) zum formbasierten *virtual screening* von Molekülen. Es soll deshalb untersucht werden, ob sich die Ergebnisse durch diese Erweiterung der Vergleichsalgorithmen verbessern lassen. Krümmungen der Oberfläche werden dabei anhand einer gewichteten Hauptkomponentenanalyse ermittelt.

Kapitel 2

Relibase und Cavbase

2.1 Relibase

Das System Relibase wurde in einer Kooperation des Instituts für pharmazeutische Chemie an der Philipps-Universität Marburg und des *Cambridge Crystallographic Data Centre* (CCDC) entwickelt. Relibase ist ein Datenbanksystem zur Speicherung und Analyse von dreidimensionalen Protein-Ligand- sowie Protein-Protein-Komplexen aus der *RCSB Protein Data Bank* (PDB) (Berman, 2000). Abbildung 2.1 zeigt ein Beispiel der webbasierten Benutzeroberfläche der kostenfreien Version von Relibase (Hendlich, 1998; Bergner *et al.*, 2001–2002; Hendlich *et al.*, 2003).

Zusätzlich zu diesen Informationen beinhaltet die erweiterte Version Relibase+ das Modul Cavbase. Zweck dieses Moduls ist es, Informationen über putative Binde-stellen eines Proteins erhalten zu können und darüber hinaus funktionell ähnliche Proteine unabhängig von ihrer Aminosäuresequenz und ihrem Faltungsmuster, wel-ches die dreidimensionale Struktur der Aminosäuresequenz beschreibt, zu identifi-zieren.

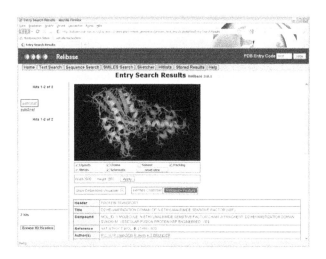

Abbildung 2.1: **Benutzeroberfläche der kostenlosen Version von Relibase.** Neben einem 3D-Viewer für Proteine bietet Relibase viele weitere Informationen zu Liganden, Proteinketten oder beteiligten Wassermolekülen an.

Bekräftigt wird dieser dreidimensionale Ansatz durch Untersuchungen, in denen gezeigt werden konnte, dass eine strukturelle Ähnlichkeit von Proteinen oft mit sequenzieller Ähnlichkeit einhergeht, die gegensätzliche Behauptung aber keinesfalls mit ähnlich hoher Wahrscheinlichkeit zutrifft (Thornton *et al.*, 2000). Funktionelle Ähnlichkeit, die durch eine ähnliche Anordnung bestimmter chemischer Gruppen im Raum hervorgerufen wird, geht nicht notwendigerweise mit einer sequenziellen Ähnlichkeit einher (Gibrat *et al.*, 1996).

2.2 Mangelnde Selektivität und Nebenwirkungen

Wie bereits erwähnt, besteht das große Ziel bei der Arzneistoffsuche darin, einen möglichst bindungsaffinen und selektiven Liganden für eine bestimmte Rezeptorstruktur zu entwickeln. Ein Ligandenmolekül ist genau dann äußerst selektiv für einen Rezeptor, wenn es nahezu ausschließlich mit dieser dafür vorgesehenen Rezeptorstruktur interagiert. Die mangelnde Selektivität eines Liganden bezüglich seines Rezeptors kann sich im Anschluss an seine Verabreichung in Form von starken Nebenwirkungen beim Patienten manifestieren, da die Kreuzreaktivitäten des Wirkstoffs mit anderen Proteinen zu unvorhersehbaren Reaktionen führen können. Ein bekanntes Beispiel, das diese Problematik auf verheerende Weise deutlich machte, war der Contergan-Fall im Jahr 1962. Contergan war ein leichtes Hypnotikum, das zum Einschlafen verwendet wurde. Bei der Synthese des Wirkstoffs ging eine gewisse räumliche Information verloren, wodurch zwei Arten von Molekülen entstanden, die sich zueinander wie Bild und Spiegelbild verhielten (so genannte „Enantiomere"). Bis zum Auftreten der Katastrophe nahm man an, dass nur das „richtige" Enantiomer mit dem Rezeptor wechselwirkte und so die gewünschte Wirkung hervorrufte, das andere Isomer aber wirkungslos sei. Bei Contergan wirkte jedoch das unerwünschte Isomer, das nicht an den Rezeptor im zentralen Nervensystem bindet, schädigend auf die Entwicklung des Embryos ein, da es an anderer Stelle im Körper biochemische Abläufe beeinflusste (Engels *et al.*, 2006).

Die frühzeitige Erkennung von möglichen Kreuzreaktionen wird schon im Entwicklungsprozess eines neuen Wirkstoffs angestrebt. Erkenntnisse dieser Art könnten dazu beitragen, die Leidenswege vieler Patienten deutlich zu verkürzen. Nahezu von gleicher Bedeutung ist die Tatsache, dass Arbeits- und Rechenaufwand schnellstmöglich auf den Entwicklungsprozess eines anderen Arzneistoffs konzentriert werden können, sobald eine geringe Selektivität des aktuellen Liganden festgestellt wurde. Somit werden weniger Ressourcen für die Arbeit an Molekülen „verschwendet", die sich in der klinischen Testung als ineffizient erweisen würden. Selbstverständlich sollte auch der finanzielle Aspekt einer Frühdetektion möglicher Nebenwirkungen beachtet werden. Eine zeitge Erkennung unselektiver Liganden bedeutet für Pharmaunternehmen eine nicht zu unterschätzende Einsparung von Forschungsausgaben. Dies ist ein sehr bedeutender Faktor, wenn man bedenkt, dass sich mit Roche, Pfizer, Johnson & Johnson, Novartis, Sanofi-Aventis und GlaxoSmithKline gleich sechs Unternehmen aus dem Bereich Pharmazie oder Gesundheit in der globalen Top-15-Rangliste der Forschungsinvestoren befinden (Tabelle 2.1). Der Pharmakonzern Roche gibt sogar genauso viel Geld für Forschung und Entwicklung aus wie der Softwaregigant Microsoft.

2.2.1 Früherkennung mangelnder Selektivitäten

Einen Forschungsansatz, um die mögliche Unselektivität eines neuen Wirkstoffs zu erkennen, stellt die Identifizierung strukturell ähnlicher Proteinbindestellen dar. Wenn die Bindestellen zweier Proteine A und B in Bezug auf ihre räumliche Struktur und ihre physikochemischen Eigenschaften einander sehr ähnlich sind, kann

16

Rang	Unternehmen	Budget
1	Toyota (Japan)	9,0 Milliarden
2	Nokia (Finnland)	8,7 Milliarden
3	Roche Holding (Schweiz)	8,2 Milliarden
4	Microsoft (USA)	8,2 Milliarden
5	General Motors (USA)	8,0 Milliarden
6	Pfizer (USA)	7,9 Milliarden
7	Johnson & Johnson (USA)	7,6 Milliarden
8	Ford (USA)	7,3 Milliarden
9	Novartis (Schweiz)	7,2 Milliarden
10	Sanofi-Aventis (Frankreich)	6,7 Milliarden
11	GlaxoSmithKline (Großbritannien)	6,4 Milliarden
12	Samsung (Südkorea)	6,4 Milliarden
13	IBM (USA)	6,3 Milliarden
14	Intel (USA)	5,7 Milliarden
15	Siemens (Deutschland)	5,7 Milliarden

Tabelle 2.1: Rangliste der weltweiten Top-15-Unternehmen bei Entwicklungs- und For-schungsausgaben im Jahr 2008. In der internationalen Rangliste der Top-15-Investoren finden sich gleich sechs Unternehmen aus dem Bereich Pharmazie oder Gesundheit. Budgetangaben in US-Dollar. Quelle: Spiegel Online, 27.10.2009; Booz & Company.

angenommen werden, dass ein Ligand, der für die Bindestelle des Proteins A entwickelt wurde, ebenfalls eine hohe Affinität für die Bindestelle des Proteins B aufweist. Außerdem könnten auf diese Weise Inspirationen für neue Leitstrukturen und *de novo* Designs erhalten werden, da bisher unbekannte Bioisostere entdeckt werden können. Als Bioisostere bezeichnet man Verbindungen oder Gruppen, die nahezu gleiche molekulare Formen und Volumina besitzen, eine fast gleiche Elektronenverteilung haben und gleiche physikalische Eigenschaften aufweisen. Bioisosterische Verbindungen interagieren mit den gleichen biochemischen Systemen als Agonisten oder Antagonisten (Burger, 1991).

Um diese Idee der Ähnlichkeitserkennung zu realisieren, wurde das Cavbase-Modul in Relibase implementiert. Die Aufgabe von Cavbase ist es, Informationen sowohl über bestätigte als auch über putative Bindestellen von Proteinen aus der PDB zu liefern.

Es handelt sich bei Cavbase um einen Preprocessing-Ansatz, der also nur einmal auf jede neu importierte Proteinstruktur angewendet wird. Hierbei wird die 3D-Struktur des Moleküls abgetastet und Vertiefungen der Oberfläche werden detektiert. Im Folgenden soll nun die Arbeitsweise des Cavbase-Moduls ausführlicher erläutert werden.

2.3 Funktionsweise von Cavbase

Schneider und Baringhaus (2008) unterscheiden zwei Arten von Detektionsalgorithmen zur Identifikation von Proteintaschen. Zum einen existieren Konzepte, die virtuelle Sphären auf der Oberfläche der Proteine platzieren und anschließend deren Volumen so lange verkleinern, bis diese Sphären keine van-der-Waals-Radien von

benachbarten Atomen mehr kontaktieren. Zum anderen gibt es so genannte gitterbasierte Algorithmen, die das Protein in ein rechteckiges, dreidimensionales Gitter
einbetten und die Moleküloberfläche genauestens nach Einbuchtungen mit großen
„Vergrabenheiten" untersuchen.

Der LIGSITE-Algorithmus des Cavbase-Moduls (Hendlich *et al.*, 1997) gehört zum
letzteren dieser beiden Konzepte. Er tastet systematisch die Moleküloberflächen
von Proteinen aus der PDB ab und detektiert so eine unterschiedliche Anzahl von
putativen Proteinbindestellen. Da die aktiven Bereiche eines Rezeptormoleküls, die
mit einem Liganden interagieren, häufig in Einbuchtungen und Furchen der Moleküloberfläche zu finden sind, werden sie des Öfteren auch als Binde*taschen* bezeichnet. Diese Annahme stellt die Grundlage der Cavbase-Implementierung dar.
Durch Untersuchungen an den aktiven Stellen von Enzymen konnte gezeigt werden, dass diese Bindestellen sich in über 70% der Fälle schlichtweg als die größten
Vertiefungen in der Enzymoberfläche herausstellten (Laskowski *et al.*, 1996).

2.3.1 Algorithmisches Vorgehen

Das zentrale Element für die automatisierte Detektion von putativen Proteinbindestellen stellt der gitterbasierte LIGSITE-Algorithmus dar. LIGSITE gliedert sich in
vier iterative Schritte:

1. Das zu untersuchende Protein wird in einem dreidimensionalen Gitter platziert. Das Gitter ist so skaliert, dass jeder Gitterpunkt einen Abstand von
   0.5 Å zu seinen Nachbarpunkten besitzt. Jeder einzelne Punkt wird als eine
   Sphäre mit einem Durchmesser von 1.5 Å aufgefasst.

2. Jede Sphäre, die in die van-der-Waals-Oberfläche eines Proteinatoms hinein-
   ragt, wird in den folgenden Schritten nicht weiter berücksichtigt, da diese

Stelle der Proteintertiärstruktur als nicht solvenszugänglich betrachtet wird.

3. Anschließend werden Scans entlang der drei Raumachsen und der vier Raum-
diagonalen eines jeden verbliebenen Gitterpunktes durchgeführt (Abb. 2.2).
Trifft eine der Achsen an beiden Seiten auf die van-der-Waals-Oberfläche eines Proteinatoms, wird ein so genannter „Vergrabenheitszähler" der Sphäre
um den Wert „Eins" erhöht. Letztendlich kann dieser Zähler also Werte von
„Null" bis „Sieben" annehmen.

(a)   (b)

Abbildung 2.2: Darstellung der drei Raumachsen x, y und z in (a) sowie der vier Raumdiagona-
len in (b).

Damit wurden bereits die Voraussetzungen geschaffen, um putative Bindetaschen
identifizieren zu können. Im vierten Schritt des Algorithmus wird anschließend
versucht, größere zusammenhängende Flächen von Gitterpunkten mit hohem Ver-
grabenheitswert zu finden und diese daraufhin unter Erhaltung ihrer wichtigsten
physikochemischen Eigenschaften zu modellieren.

4. Es wird nach Flächen von mindestens 320 benachbarten Gitterpunkten gesucht, die eine Mindestvergrabenheit von „Vier" aufweisen. Wird keine solche Fläche gefunden, wird der Grenzwert für die Vergrabenheit von „Vier"
auf „Drei" herabgesetzt und der Suchlauf erneut gestartet. Ist auch dieser
Lauf erfolglos, wird der Grenzwert auf „Zwei" reduziert.

Der Algorithmus hat somit diverse Vertiefungen aus der Gesamtoberfläche des Proteins extrahiert. Man kann sagen, dass durch LIGSITE Teile der Solvens zugängli-

chen Oberfläche (SAS) – auch bekannt als Connolly-Oberfläche (Connolly, 1983) – anhand ihrer Vergrabenheit isoliert werden.

2.3.2 Modellierung der Bindetaschen durch Pseudozentren

Nach dieser Bindestellenextraktion werden die molekularen Eigenschaften der gefundenen Taschen modelliert (Kuhn, 2004; Schmitt, 2000; Schmitt *et al.*, 2002). Dazu werden alle Aminosäureatome des Proteins in Betracht gezogen, die nicht weiter als 1.1 Å von verbliebenen Gitterpunkten entfernt sind. Bestimmten Atomen der Aminosäuren werden, entsprechend der biochemischen Eigenschaften, die von ihnen exprimiert werden, Labels zugewiesen. Diese gelabelten Atome werden als *Pseudozentren* bezeichnet und können einem der folgenden sieben Typen entsprechen:

- Donor: Donorgruppe für Wasserstoffbrücken

- Akzeptor: Akzeptorgruppe für Wasserstoffbrücken

- Donor/Akzeptor: Sowohl Donor- als auch Akzeptorgruppe für Wasserstoffbrücken

- Aromatisch: Massezentrum von aromatischen Ringsystemen

- Pi: Gruppen, die $\Pi - \Pi$ Interaktionen erwirken können, z.B. C=O in Carbonylgruppen

- Metall: Metall-Ionen, z.B. Mg^{2+}

- Aliphatisch: Aliphatische Gruppen, z.B. Methyl ($-CH_3$)

Es wird also besonderer Wert auf die Art von elektrostatischen Interaktionen gelegt, die einen großen Wirkungsradius besitzen. Die aufgeführten Wechselwirkungen haben eine Energie-Distanz-Abhängigkeit von r^{-1} bis r^{-3}, wobei etwa van-der-Waals-Kräfte nur einen Wirkungsradius von r^{-6} aufweisen (Schneider und Baringhaus, 2008). Abbildung 2.3 zeigt exemplarisch die Anwendung der Pseudozentren auf zehn Aminosäuren.

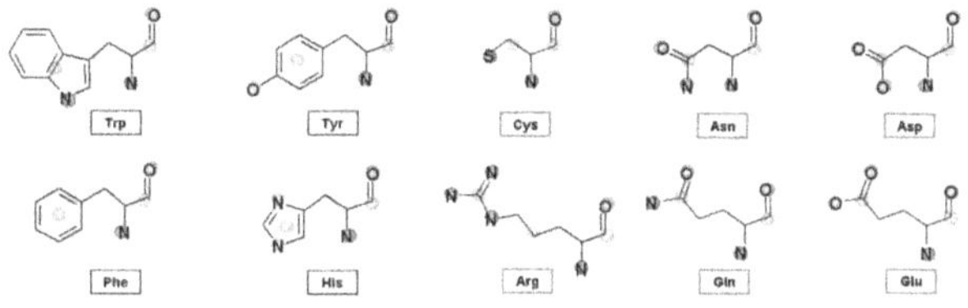

Abbildung 2.3: Repräsentation der Aminosäuren in Cavbase nach (Schmitt, 2000). Die Position der Pseudozentren wird durch farbige Kugeln angedeutet. Farbcodierung: Wasserstoffbrücken-Donor (blau), Wasserstoffbrücken-Akzeptor (rot), Wasserstoffbrücken-Donor und -Akzeptor (grün), aromatische und Pi-Wechselwirkungen (orange), hydrophobe Wechselwirkungen (weiß). Die Position der hydrophoben Pseudozentren entspricht dem geometrischen Schwerpunkt der hydrophoben Atome der jeweiligen Seitenketten. Quelle: Schmitt, 2000.

Die Pseudozentren werden anschließend nach ihrer Ausrichtung zu benachbarten Gitterpunkten bewertet. Alle Pseudozentren, deren Vektoren $\vec{v}$ und $\vec{r}$ einen Winkel aufspannen, der einen entsprechenden *Cut-off*-Wert[1] wie beispielsweise 60° überschreitet, werden aus der Modellierung entfernt (Abb. 2.4). In diesem Fall wird angenommen, dass das Pseudozentrum aufgrund seiner geometrischen Ausrichtung keine besondere Wirkung auf einen Liganden ausüben kann.

Als Ergebnis wird in Cavbase somit jede putative Bindetasche als eine Menge von Pseudozentren einschließlich ihrer Koordinaten im euklidischen Raum abgelegt. Anhand dieser Informationen können daraufhin unter Verwendung spezieller bio-

---

[1] Verwendete *Cut-off*-Werte für $\angle(\vec{v}, \vec{r})$: Donor = 100°, Akzeptor = 100°, Donor-Akzeptor = 100°, Pi = 60°, Aromatisch = 60°, Metall = 100°, Aliphatisch = 100°.

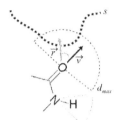

Abbildung 2.4: Validierung der Pseudozentren gemäß ihrer Geometrie nach (Schmitt, **2000**). Die Proteinoberfläche ist mit s bezeichnet; $\vec{v}$ beschreibt die Richtung, in der das Pseudozentrum seine größte Wirkung entfaltet, $\vec{r}$ repräsentiert die Richtung vom Pseudozentrum zum Mittelwert aller Oberflächenpunkte im Radius d_{max}. Überschreitet der Winkel zwischen $\vec{v}$ und $\vec{r}$ einen gewissen Schwellenwert, wird das Pseudozentrum als wirkungslos in Bezug auf die mögliche Interaktion mit einem Liganden angesehen.

informatischer Algorithmen Ähnlichkeitsvergleiche unterschiedlicher Bindestellen aus der Datenbank vorgenommen werden. Einige graphbasierte Verfahren, die diesem Zweck dienen, sollen im nächsten Kapitel genauer beleuchtet werden.

Kapitel 3

Vergleichsstrategien

3.1 Vergleichsalgorithmen für putative Proteinbindestellen

Um die Ähnlichkeit zweier Proteinbindestellen evaluieren zu können, werden diese zunächst in bekannte Modellierungen aus der Informatik transformiert, die daraufhin miteinander verglichen werden. Für die approximative Repräsentation einer Bindestelle im dreidimensionalen Raum bietet sich die Struktur eines Graphen an, da es für diese Objekte auch bereits eine Vielzahl von Methoden gibt. Generell sind natürlich auch andere Darstellungsformen einer Bindetasche denkbar, wie etwa die Interpretation der Pseudozentren als Menge von Punkten im dreidimensionalen Raum. Da jedoch im vorliegenden Fall graphbasierte Algorithmen für die angestellten Untersuchungen verwendet worden sind, wird der Fokus auf die erstgenannte Darstellung gerichtet.

Ein Graph ist anschaulich beschrieben nichts anderes als eine Menge von Punkten, von denen einige durch Verbindungslinien paarweise verbunden sind. Die Punkte bezeichnet man in der Graphentheorie formal als *Knoten* und die Verbindungslinien als *Kanten*. Um die Proteinbindestellen als Graphen darstellen zu können, muss diese Notation aber noch etwas erweitert werden. In diesem Fall müssen neben den Knoten, welche die Pseudozentren repräsentieren sollen, und den Kanten zusätzlich Knotenlabels und Kantengewichte in die Beschreibung des Graphen eingefügt werden. Man erhält somit einen Graphen der Form $G = (V, E, l_V, l_E)$ (Definition 1).

Definition 1 *(Graph) Sei $G = (V, E, l_V, l_E)$ ein zusammenhängender ungerichteter Graph mit einer Knotenmenge V und einer Kantenmenge E, wobei $E \subseteq V \times V$. Für alle Kanten $(u, v) \in E$ gilt, dass auch $(v, u) \in E$. $l_V : V \to L_V$ ist eine Funktion, die jedem Knoten ein Label zuweist. $l_E : E \to \mathbb{R}_+$ ist eine Funktion, die jeder Kante ein Gewicht zuweist.*

Jeder Knoten repräsentiert dabei ein Pseudozentrum einschließlich dessen Koordinaten und Label. Zwei Knoten werden genau dann mit einer Kante verbunden, wenn die euklidische Distanz d zwischen den beiden Pseudozentren einen Schwellenwert δ nicht übersteigt. Diese Distanz wird der Kante daraufhin als Gewicht zugewiesen.

Nachdem die Proteinbindestellen in diese Graphendarstellung transformiert wurden, können sie über ein *Alignment* miteinander verglichen werden. Ein Graph-Alignment (Definition 2) zweier Graphen G und H ist eine eindeutige Zuordnung der Knoten aus G zu korrespondierenden Knoten aus H (und implizit Kanten aus G zu Kanten aus H). Im Rahmen dieser Zuordnung können auch *Dummy*-Knoten $\perp$ verwendet werden, die als Platzhalter für entfernte Knoten dienen.

Definition 2 *(Graph-Alignment) Seien $G = (V_1, E_1)$ und $H = (V_2, E_2)$ zwei Graphen. $A \subseteq (V_1 \cup \{\perp\}) \times (V_2 \cup \{\perp\})$ ist genau dann ein Alignment der Graphen*

G und H, wenn jeder Knoten der beiden Graphen genau einmal im Alignment auftritt. Für alle Knoten $v \in V_1$ und $w \in V_2$ existiert also genau eine Zuordnung $a = (v, w) \in A$.

Eine solche Zuordnung wird anhand eines besonderen Kriteriums, der Scoringfunktion, ermittelt. Ohne eine zugrunde liegende Scoringfunktion lässt sich also kein Alignment berechnen. Es kann zudem die so genannte Edit-Distanz der beiden Graphen bestimmt werden. Diese liefert eine Aussage über die Menge an Veränderungen, die nötig ist, um G in H zu transformieren. Dieses Maß wird häufig auch als *Levenshtein-Distanz* bezeichnet (Levenshtein, 1965). Grundsätzlich sind drei Operationen erlaubt, um die Modifikation einer Struktur A zu bewerkstelligen, so dass diese isomorph zu einer anderen Struktur B wird:

1. Insertion: Ein Element wird eingefügt.

2. Deletion: Ein Element wird entfernt.

3. Substitution: Ein Element wird verändert.

Alignments sind bekannt in der Bioinformatik, um Zeichenketten wie etwa DNA- oder Aminosäuresequenzen miteinander zu vergleichen. Man spricht dann von einem *Sequenzalignment*. Bei einem paarweisen Sequenzalignment werden zwei Strings gegeneinander ausgerichtet und der Ähnlichkeitsgrad dieser beiden Zeichenketten anhand einer Scoringfunktion bestimmt. Dabei werden Boni bzw. Mali für jede der drei oben aufgeführten Operationen vergeben. Im weiteren Verlauf dieser Arbeit wird das Ähnlichkeitsmaß, das von den Algorithmen für Graph-Alignments berechnet wird, als Ähnlichkeitsscore — oder vereinfacht als *Score* — bezeichnet.

Natürlich ist die Ermittlung des Scores beim Graph-Alignment komplexer als bei dem Vergleich zweier Strings, da hier auch Knotenlabels und Kantengewichte auf ihre Übereinstimmung geprüft werden müssen. In Abschnitt 3.2 wird etwas genauer auf das Scoring eingegangen, das bei einem Graph-Alignment angewendet wird.

Anhand von Alignments lässt sich allerdings mehr erreichen als nur die Berechnung eines Ähnlichkeitsmaßes zweier Graphen. Das Alignment kann die Grundlage für ein umfassendes Clustering von Bindetaschen darstellen, in dem die Bindestellen anhand ihrer strukturellen Ähnlichkeit in Gruppen eingeordnet werden. Unter Umständen lassen sich gemeinsame Substrukturen detektieren, die konservierten Strukturbereichen einer ganzen Klasse von Rezeptoren desselben Liganden entsprechen. Man erhofft sich dadurch funktionell eng verwandte Bindestellen zu identifizieren, die somit Hinweise auf bisher unentdeckte Rezeptor-Ligand-Interaktionen liefern. Damit könnten mögliche Nebenwirkungen von Wirkstoffen sehr früh erkannt und reduziert werden (siehe Seite 15).

Um die Strukturvergleiche von Bindestellen über einen Vergleich von räumlichen Geometrien zu realisieren, wurden diverse Ansätze entwickelt. Die meisten nutzen dabei die gerade beschriebene Repräsentation der Bindetaschen in Form von Graphen. Neben einer Greedy-Methode für das Graph-Alignment, die im folgenden noch erläutert werden soll, wurde beispielsweise ein Vorgehen namens *Graph Alignment Via Evolutionary Optimization* (GAVEO) (Fober *et al.*, 2009a) entwickelt. Dieses wendet eine evolutionäre Optimierungsstrategie an, um zwei oder mehr Graphen zu einer bestmöglichen Überlagerung (gemäß einer Scoringfunktion) zu bringen. Werden mehr als zwei Graphen miteinander verglichen, spricht man von einem multiplen Graph-Alignment. Nach einem solchen multiplen Alignment können Knoten- und Kantenscores berechnet werden, die eine Aussage darüber treffen, wie ähnlich sich die betrachteten Graphen sind oder wie stark sie sich voneinander unterscheiden. Natürlich ist die Laufzeit von GAVEO im Vergleich zu vielen anderen Ansätzen sehr viel länger, da evolutionäre Optimierungsverfahren generell äußerst rechenintensiv sind.

Bei der Methode der *Labeled Point Cloud Superposition* (LPCS) (Fober und Hüller-meier, 2009) werden die Pseudozentren hingegen nicht als ein Graph, sondern als eine Punktwolke im euklidischen Raum aufgefasst. Auch hier wird durch Methoden der evolutionären Optimierungsstrategien versucht, die Punktwolken zu einer bestmöglichen Überlagerung zu bringen.

Außerdem wurden so genannte *Kernelfunktionen* (Definition 3) zur Anwendung auf Graphen mit Knotenlabels und Kantengewichten erweitert.

Definition 3 *(Kernelfunktion) Sei G ein Menge von Objekten (z.B. Graphen). Eine Funktion G × G → ℝ ist ein Kernel, wenn sie symmetrisch und positiv definit ist, also $k(x,y) = k(y,x)$ für alle $x,y \in G$ gilt, und*

$$\sum_{i,j=1}^{m} c_i c_j k(x_i, x_j) \geq 0$$

für alle $m \in \mathbb{N}, \{c_1, ..., c_m\} \subseteq \mathbb{R}$ gilt und $\{x_1, ..., x_m\} \subseteq G$.

Kernelfunktionen erlauben eine nicht linear trennbare Menge von Eingabevektoren in einen neuen (normalerweise höherdimensionalen) Eigenschaftsraum zu überführen, in welchem dann eine lineare Trennung möglich ist. Diese zentrale Idee der Transformation in einen neuen Raum wird dabei als *kernel trick* bezeichnet. Über kernelbasierte Methoden wie etwa *Support vector machines* lassen sich somit Klassifikationen von Eingabevektoren realisieren (Schölkopf und Smola, 2002). Kernelfunktionen bieten daher auch die Möglichkeit, einen Ähnlichkeitswert für Graphen zu bestimmen. Beispiele solcher Funktionen sind etwa der *Random Walk Kernel* (Gärtner, 2003) oder der *Shortest Path Kernel* (Borgwardt und Kriegel, 2005). Bislang waren diese Kernelfunktionen nur für ungewichtete Graphen definiert, die zudem nicht mit Knotenlabels versehen waren. In (Fober *et al.*, 2009b) wurden diese schließlich dahingehend erweitert, dass sie auch auf ungerichtete, gewichtete Graphen mit Knotenlabels angewendet werden können, wie sie bei der Modellierung von Proteinbindestellen verwendet werden.

Darüber hinaus lassen sich Proteinbindestellen auch als eine Menge potentieller Pharmakophorpunkte (*potential pharmacophoric points*, PPP) darstellen, die in etwa mit den in Cavbase verwendeten Pseudozentren vergleichbar sind. Die Anordnungen der PPPs können dann als Menge von Dreiecks-Konstellationen betrachtet werden. Diese Konstellationen lassen sich wiederrum in Bitstrings transformiert, die über Ähnlichkeitsindizes wie beispielsweise den Tanimoto-Index[1] (Tanimoto, 1957) miteinander verglichen werden können.

Da in dieser Arbeit der Greedy-Ansatz des Graph-Alignments aus (Weskamp, 2006) angepasst und für die abschließenden Klassifikationsversuche verwendet wird, soll dieser nachfolgend detaillierter beschrieben werden.

3.2 Graph-Alignment via *GreedyMatch*

Die Eingabe für ein paarweises Greedy Graph-Alignment bilden zwei Graphen $G = (V_1, E_1)$ und $H = (V_2, E_2)$. Zu Beginn werden die größten gemeinsamen isomorphen Subgraphen von G und H gesucht. Diese Lösungen werden anschließend durch eine Greedy-Strategie erweitert, die Matches und Mismatches von den verbliebenen Knoten und Kanten der beiden Graphen bewertet, da der größte gemein-

---

[1]Der Tanimoto-Index ist ein Ähnlichkeitsmaß, das häufig zum Vergleich von Bitstrings eingesetzt wird. Zwei Bitstrings A und B (z.B. $A = 0110101011$ und $B = 0111010010$) werden damit über $T_{AB} = \frac{c}{a+b-c}$ miteinander verglichen werden. a ist die Anzahl der Bits ist, die in A auf 1 gesetzt sind, b die Anzahl der Bits, die in B auf 1 gesetzt sind und c die Anzahl der Bits, die in A und B auf 1 gesetzt sind. Der Bruch liefert einen Wert zwischen 0 und 1, wobei 1 die Gleichheit der beiden Strings bedeutet.

same isomorphe Subgraph noch kein vollständiges Alignment, sondern nur ein Teil des gesamten Alignments ist.

Im ersten Schritt des Algorithmus wird ein Produktgraph $P = (V_3, E_3)$ mit $V_3 \subseteq V_1 \times V_2$ erzeugt. P enthält genau dann einen Knoten für ein zugehöriges Knotenpaar aus G und H, wenn diese in ihren Knotenlabels übereinstimmen. Zwei Knoten $u_3, v_3 \in V_3$ des Produktgraphen P werden dann durch eine Kante verbunden, wenn diese beiden Knoten in G und H

1. durch Kanten verbunden sind und diese Kanten vergleichbare Gewichte tragen, also $(u_1, v_1) \in E_1$ und $(u_2, v_2) \in E_2$ sowie $|l_{(u_1, v_1)} - l_{(u_2, v_2)}| < \varepsilon$ gilt.

2. nicht verbunden sind, also $(u_1, v_1) \notin E_1$ und $(u_2, v_2) \notin E_2$ gilt.

Es wird anschließend versucht, das NP-vollständige Problem der Cliquendetektion auf dem Produktgraphen P zu lösen, um eine möglichst geeignete Basis für das Alignment zu erhalten. Eine „Clique" ist in der Graphentheorie eine Menge von Knoten eines Graphen, in der jeder Knoten mit jedem anderen verbunden ist (Definition 4).

Definition 4 *(Clique) Sei $G = (V, E)$ ein zusammenhängender ungerichteter Graph. Eine Clique in G ist eine Knotenmenge $U \subseteq V$, so dass $\forall (u, v) \in U$ gilt: $(u, v) \in E$.*

Die größte Clique im Produktgraphen P identifiziert folglich den größten gemeinsamen Subgraphen von G und H und ist deshalb bereits ein partielles Alignment dieser beiden Graphen. Es wird der Algorithmus von Bron & Kerbosch (Bron und Kerbosch, 1973) angewendet, der einen relativ effizienten Lösungsansatz für das Problem der Cliquendetektion darstellt.

Nachdem der größte gemeinsame Subgraph von G und H gefunden wurde, muss diese Lösung erweitert werden, um ein vollständiges Graph-Alignment von G und

H zu erhalten. Alle Knoten $v \in V_1$, die bislang noch nicht zur Lösung gehören, werden mit den entsprechenden Knoten $w \in V_2$ verglichen. Ebenso werden die verbliebenen Kanten der beiden Graphen miteinander verglichen und das Alignment dadurch erweitert. Diese Greedy-Strategie vergibt — ebenso wie es beim Bewerten der Clique-Lösung der Fall ist — bei jedem der genannten Vergleiche einen Bonus für den Match zweier ähnlicher Elemente und einen Malus für den Mismatch zweier unähnlicher Elemente. Es werden somit Scores für die einander zugewiesenen Knoten bzw. Kanten errechnet, die letztendlich zu einem Gesamtscore addiert werden können. Zwei Graphen sind sich also dann sehr ähnlich, wenn der Score ihres paarweisen Alignments entsprechend groß ist. Demgegenüber deutet ein äußerst niedriger Score auf eine geringe Ähnlichkeit zweier Graphen hin. Ein ausführliches Beispiel zu diesem Algorithmus einschließlich der Implementierung *GreedyMatch* in Pseudo-Code findet man in (Weskamp, 2006).

Im Kapitel 4 soll nunmehr erläutert werden, in welcher Form die bisherigen Bindestellenrepräsentationen erweitert wurden, welche Methoden dabei zum Einsatz kamen und wie der Vergleichsalgorithmus des Greedy Graph-Alignments dafür angepasst wurde.

Kapitel 4

Erweiterungen der Bindestellenrepräsentation

Wie in Kapitel 1.4 geschildert, gelten die Erweiterung der Pseudozentrenrepräsentation sowie die Berücksichtigung der Beschaffenheit eines Oberflächenbereichs als Ziele dieser Arbeit. Pseudozentren sollen daraufhin nicht mehr nur mit einem einzigen Pseudozentrentyp beschrieben werden, sondern multiple Eigenschaften erhalten können, die entsprechend ihrer atomaren Nachbarschaften ermittelt werden. Oberflächenpunkte der SAS[1] befinden sich häufig in einer Interaktionsdistanz zu mehr als nur einem Pseudozentrum, so dass an diesen Stellen grundsätzlich mehrere Arten von Wechselwirkungen exponiert werden können. Um diese Gegebenheit bestmöglich in der Bindestellenrepräsentation abbilden zu können, sollen den Pseudozentren sechsdimensionale Eigenschaftsvektoren $\vec{V}$ zugewiesen werden.

Darüber hinaus wird angenommen, dass auch die Form einer Bindestelle entscheidenden Einfluss auf die mögliche Interaktion mit einem Liganden hat, weshalb auch

---

[1]*Solvent accessible surface*: Die dem Solvent ausgesetzte Außenseite eines Proteins. Die SAS wird häufig auch nach ihrem Begründer als „Connolly-Oberfläche" bezeichnet.

diese in der Bindestellenrepräsentation kodiert werden soll. Zur Bestimmung der Oberflächenbeschaffenheit soll die Krümmung der Proteinaußenseite in der Umgebung des aktuellen Pseudozentrums herangezogen werden.

4.1 Der „Patch"-Begriff

Da im weiteren Verlauf dieser Arbeit der Begriff „Patch" eine zentrale Rolle einnehmen wird, soll er an dieser Stelle eingehend erläutert werden. Im Kontext der Bindestellenrepräsentation beschreibt ein Patch einen Teil der Proteinoberfläche, dem man ähnliche physikochemische Eigenschaften zuordnen kann. In Cavbase wird jede putative Bindestelle als eine Menge von Oberflächenpunkten und Pseudozentren abgelegt (siehe Kapitel 2.3.2). Jeder Oberflächenpunkt wird dabei genau dem Pseudozentrum zugewiesen, dem er am nähesten liegt. Somit erhält jedes Pseudozentrum eine bestimmte Anzahl von Oberflächenpunkten, welche die Proteinoberfläche in dieser Region der Bindestelle beschreiben und als Oberflächenpatch bezeichnet werden. Abbildung 4.1 illustriert zwei Beispiele solcher Patches.

In Abbildung 4.2 ist zudem ein Patch gezeigt, der so gedreht wurde, dass er zweidimensional („von der Seite") betrachtet wird. In dieser Darstellung sind die Gitterpunktabstände von 0.5 Å besonders gut zu erkennen, die vom LIGSITE-Algorithmus (Kapitel 2.3.1) beim Abtasten der molekularen Oberfläche verwendet wurden.

4.2 Multiple Eigenschaften

Da in dieser Arbeit die Darstellung der physikochemischen Eigenschaften von Pseudozentren erweitert werden soll, wurde nach einem Weg gesucht, diese in geeigneter Weise abbilden zu können. Multiple Eigenschaften von Pseudozentren wurden hier

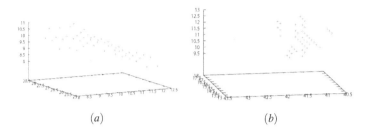

$$(a) \qquad\qquad\qquad (b)$$

Abbildung 4.1: Visualisierung von Oberflächenpatches. (a) und (b) zeigen jeweils ein Pseudozentrum (grün) mit den zugewiesenen Oberflächenpunkten der Proteinbindestelle (rot). Die Menge der Oberflächenpunkte liefert Informationen über die Form der Proteinoberfläche in der Nähe des entsprechenden Pseudozentrums.

über die Verwendung von Vektoren realisiert. In unserem Fall wird jedem Pseudozentrum ein Vektor $\vec{V}$ mit sechs Komponenten zugewiesen. Jede Komponente repräsentiert eine der bekannten physikochemischen Eigenschaften:

$$\vec{V} = (Donor, Akzeptor, Aromatisch, Pi, Metall, Aliphatisch) \qquad (4.1)$$

Dieser Vektor wird daraufhin als *Patchvektor* bezeichnet. Ein ähnlicher Ansatz wurde auch schon in (Kuhn, 2004) untersucht, allerdings mit weniger Vektorkomponenten und nicht in Kombination mit der Struktur von Patchoberflächen.

4.2.1 Berechnung eines Patchvektors

Die Berechnung des Patchvektors $\vec{V}$ für ein Pseudozentrum wird über die Berechnung von Vektoren $\vec{v}$ eines jeden Oberflächenpunktes, der diesem Zentrum zugeordnet ist, vollzogen. Diese Vektoren $\vec{v}$ der Oberflächenpunkte verfügen über dieselben sechs Komponenten wie die Patchvektoren. Die Werte der Komponenten werden

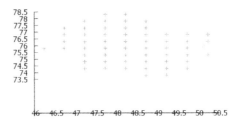

Abbildung 4.2: Zweidimensionale Darstellung eines Oberflächenpatches. In dieser Ansicht
wird der Gitterabstand von 0.5 Å besonders deutlich, der vom LIGSITE-Algorithmus verwendet wurde. Oberflächenpunkte sind als rote Kreuze und das Pseudozentrum als grünes Kreuz
dargestellt.

durch die Entfernung zu allen Pseudozentren in der betrachteten Bindestelle berechnet. Abhängig von der Distanz d zu einem Pseudozentrum und dessen Typs
wird die entsprechende Vektorkomponente um das Ergebnis einer Funktion $f(d)$
(Formel 4.2) erhöht, wobei der Gesamtwert dieser Beiträge 1 nicht überschreiten
darf.

$$f(d) = \frac{1}{1 + e^{(1+(4d-t))}} \qquad (4.2)$$

Diese Funktion gibt die Reichweiten der Interaktionsdistanzen von Pseudozentren
in geeigneter Weise wieder und wurde bereits in (Kuhn, 2004) verwendet. Für
aliphatische Zentren wird $t = 14$ und für nicht-aliphatische Zentren $t = 12$ verwendet.

In Abbildung 4.3 sind die resultierenden sigmoiden Funktionsgraphen dieser beiden Formeln dargestellt. Da die Reichweite von aliphatischen Wechselwirkungen
als größer betrachtet wird, wendet man in diesem Fall $t = 14$ an und verschiebt
den Funktionsgraphen demzufolge auf der X-Achse um etwa 0.5 Å nach rechts.
Die Funktion nimmt einen maximalen Wert von 1 im Intervall [0, 1.3 Å] (nicht-
aliphatische Wechselwirkungen) bzw. [0, 1.8 Å] (aliphatische Wechselwirkungen)

an und weist mit steigenden Distanzen geringere Werte zu. Bei einer Distanz von 3 Å bzw. 3.5 Å wird jeweils noch ein Beitrag von 0.5 an eine Vektorkomponente vergeben.

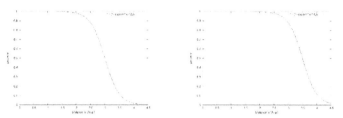

Abbildung 4.3: Sigmoide Funktionen, um die Komponenten der Vektoren $\vec{v}$ von Oberflächenpunkten zu berechnen (nach Kuhn 2004). Jedes Pseudozentrum liefert abhängig von seiner Entfernung zum Oberflächenpunkt und seinem Typ einen Beitrag für den Vektor $\vec{v}$. Links ist der Funktionsgraph für nicht aliphatische Pseudozentren zu sehen (Parameter $t = 12$) und rechts der für aliphatische Pseudozentren (Parameter $t = 14$). Quelle: Kuhn, 2004.

Die Berechnung des Vektors $\vec{v}$ kann somit folgendermaßen zusammengefasst werden:

$$\vec{v} = \begin{pmatrix} min\left(1, \sum_{i=1}^{|Do|} \frac{1}{1+e^{(1+(4d_i-12))}}\right) \\ min\left(1, \sum_{i=1}^{|Ak|} \frac{1}{1+e^{(1+(4d_i-12))}}\right) \\ min\left(1, \sum_{i=1}^{|Ar|} \frac{1}{1+e^{(1+(4d_i-12))}}\right) \\ min\left(1, \sum_{i=1}^{|Pi|} \frac{1}{1+e^{(1+(4d_i-12))}}\right) \\ min\left(1, \sum_{i=1}^{|Me|} \frac{1}{1+e^{(1+(4d_i-12))}}\right) \\ min\left(1, \sum_{i=1}^{|Al|} \frac{1}{1+e^{(1+(4d_i-14))}}\right) \end{pmatrix} \quad (4.3)$$

Hierbei steht $|Do|$ für die Anzahl der Donor-Pseudozentren, $|Ak|$ für die Anzahl der Akzeptor-Pseudozentren usw. Abschließend werden alle sechs Vektorkomponenten noch dahingehend validiert, dass nur solche Eigenschaften erhalten bleiben, die mindestens 20% der Oberflächencharakteristik ausmachen und infolgedessen einen beachtlichen Einfluss auf die Bindungseigenschaften des Patches ausüben können. Es bleiben deshalb nur Werte erhalten, die mindestens 0.2 betragen. Niedrigere Werte werden auf „Null" zurückgesetzt, so dass jeder Vektor $\vec{v}$ nur die wirklich revelanten Eigenschaften eines Oberflächenpunktes beinhaltet.

Nach der Berechnung der Vektoren $\vec{v}$ kann daraus der Patchvektor $\vec{V}$ ermittelt werden. Man erhält diesen, indem alle Vektoren $\vec{v}$ aufsummiert und anschließend durch deren Anzahl n dividiert werden:

$$\vec{V} = \frac{1}{n} \cdot \begin{pmatrix} \sum_{i=1}^{n} v_{i1} \\ \vdots \\ \sum_{i=1}^{n} v_{i6} \end{pmatrix} \tag{4.4}$$

Die Patchvektoren können beispielsweise über ihr Skalarprodukt, welches ein Ähnlichkeitsmaß für Vektoren darstellt, im späteren Graph-Alignment miteinander verglichen werden. In Kapitel 5.2.4 werden verschiedene Vergleichsmöglichkeiten von Patchvektoren ausführlicher erläutert.

4.3 Oberflächenschwerpunkt

Eine mögliche Erweiterung der bisherigen Repräsentation wäre, neben der Erweiterung des Vergleichs von Pseudozentren auch den Vergleich der Geometrien entsprechend anzupassen. Bisher wurden die Bindestellengraphen anhand der Knotenlabels und der Kantengewichte miteinander verglichen. Die Kantengewichte repräsentierten dabei die euklidische Distanz zwischen zwei Pseudozentren. Nach der Erweiterung sollen allerdings unscharfe (multiple) Eigenschaften ganzer Oberflächenbereiche verglichen werden. Es erscheint somit angebracht, neben den Knotenlabels auch die Kantengewichte dahingehend anzupassen, dass diese nicht mehr

die Distanz zwischen zwei Pseudozentren bedeuten, sondern die Distanz zwischen
den Schwerpunkten der beiden Patches. Um dies realisieren zu können, müssen
zuvor die Schwerpunkte M der Oberflächen aller Patches ermittelt werden. Anhand
der kartesischen Koordinaten der Oberflächenpunkte p kann der Ortsvektor von M
sehr leicht bestimmt werden. Die Ortsvektoren der Oberflächenpunkte werden dafür aufsummiert und durch ihre Anzahl n dividiert:

$$\vec{M} = \frac{1}{n} \cdot \begin{pmatrix} \sum_{i=1}^{n} p_{i1} \\ \sum_{i=1}^{n} p_{i2} \\ \sum_{i=1}^{n} p_{i3} \end{pmatrix} \tag{4.5}$$

In Kapitel 5.2.4 wird untersucht, ob diese Modifikation der Bindestellengraphen zu
besseren Klassifikationsergebnissen führt, als sie mit der bisherigen Vorgehensweise erzielt werden.

4.4 Oberflächenbeschaffenheit

Die zweite Erweiterung der Bindestellenrepräsentation bezieht sich auf die Krümmung der Proteinoberfläche in der Umgebung von Pseudozentren. Dafür soll die
Beschaffenheit der einzelnen Patches in Form ihrer Konvexität beziehungsweise
Konkavität kodiert werden. Es wurde daher nach Methoden gesucht, mit denen diese Oberflächeneigenschaften bestimmt werden können. Zunächst wurde eine einfache Methode entwickelt, welche die Entscheidung über Konvexität oder Konkavität
eines Patches anhand des Oberflächenschwerpunktes berechnet. Im nächsten Abschnitt wird diese Vorgehensweise genauer beschrieben.

4.4.1 Bestimmung der Oberflächenbeschaffenheit durch das Pseudozentrum und den Patch-Schwerpunkt

In einem ersten heuristischen Ansatz wurde der Schwerpunkt M eines Patches herangezogen, um die Oberflächenkrümmung zu ermitteln. Zu Beginn der Berechnung wurden die euklidischen Distanzen aller Oberflächenpunkte q zu M durch die Funktion $d_e(q,M)$ bestimmt. Sei s der Punkt, der die geringste euklidische Distanz d_e zu M aufweist und P das aktuelle Pseudozentrum. $d_e(P,M)$ wird daraufhin verglichen mit $d_e(P,s)$. Anhand dieser beiden Werte wird die Oberflächenbeschaffenheit C des Patches bestimmt: Befindet sich M näher am Pseudozentrum P als s, wird die Krümmung des Patches als konvex klassifiziert, anderenfalls als konkav.

```
C = (d(P, M) < d(P, s)) ? konvex : konkav
```

Abbildung 4.4 verdeutlicht die Arbeitsweise dieser Methode in einem zweidimensionalen Fall.

Abbildung 4.4: Zweidimensionales Beispiel der vorgestellten Heuristik. Der Schwerpunkt der Oberflächenpunktmenge ist mit M und das Pseudozentrum mit P bezeichnet. s sei der Oberflächenpunkt, der dem Schwerpunkt M am nächsten ist. Im linken Beispiel ist $distance(P,M)$ geringer als $distance(P,s)$. Der Patch wird somit als konvex klassifiziert. Rechts wird die gegenteilige Situation gezeigt und der Patch wird als konkav erkannt.

Natürlich sind diese Darstellungen stark idealisiert und in vielen Fällen nicht mit den tatsächlichen Formen echter Patches vergleichbar. Die Oberfläche von realen Patches kann durchaus sowohl konvexe als auch konkave Regionen enthalten. Aufgrund dessen wurde im weiteren Verlauf der Arbeit ein anderer und mathematisch treffenderer Weg entwickelt, um die Oberflächenform der Patches zu bestimmen. Eine so genannte gewichtete Hauptkomponentenanalyse sollte robuster mit solchen lokalen Abweichungen in der Oberflächenform umgehen können.

4.4.2 Hauptkomponentenanalyse

Die Hauptkomponentenanalyse (engl. *Principal Component Analysis*, PCA) ist ein Verfahren aus der Statistik, das 1901 von KARL PEARSON entwickelt wurde (Pearson, 1901).

Mithilfe der PCA kann ein multidimensionaler Datensatz auf eine geringere Dimensionalität reduziert werden. Es bleiben genau die Dimensionen erhalten, deren Werte die größten Varianzen (Streuungen) aufweisen und damit die meisten Informationen in sich bergen. Diese verbleibenden Dimensionen werden Hauptkomponenten genannt und haben die Eigenschaft, dass sie alle orthogonal zueinander ausgerichtet sind. Die Dimension, die die größte Varianz aufweist, wird als erste Hauptkomponente bezeichnet, die Dimension mit der zweitgrößten Varianz als zweite Hauptkomponente usw. Die Hauptkomponentenachsen werden dabei so in den Datenpunkten platziert, dass die Summe der quadratischen Abstände aller Punkte zur Hauptkomponente minimiert wird (Abb. 4.5). Durch eine PCA werden die ursprünglichen Daten letztlich in ein neues Koordinatensystem transformiert. Im gezeigten Beispiel in Abbildung 4.5 lässt sich erkennen, dass durch die Hauptkomponenten ein neues Koordinatensystem aufgespannt wird, in dem $PC1$ und $PC2$ die neue x- und y-Achse darstellen.

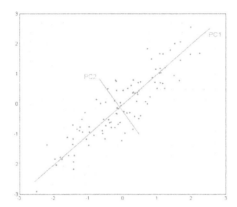

Abbildung 4.5: **Beispiel eines zweidimensionalen Datensatzes und der zugehörigen ersten beiden Hauptkomponenten PC1 und PC2.** Die Hauptkomponenten beschreiben die Dimensionen mit größten Varianzen und sind so in der Punktwolke platziert, dass sie orthogonal zueinander stehen und die Summe aller quadrierten Abstände von den Datenpunkten zur jeweiligen Hauptkomponentenachse minimiert wird. Durch die PCA werden die ursprünglichen Daten in ein neues Koordinatensystem mit *PC*1 und *PC*2 als Koordinatenachsen transformiert.

Wie kann die PCA also bei der Bestimmung der Oberflächencharakteristik behilflich sein? Die Oberflächenpunkte eines Patches bilden eine Menge von Datenpunkten im dreidimensionalen Raum. Durch Anwendung einer PCA auf diese Punktwolke können die Daten entsprechend ihrer beiden ersten Hauptkomponenten aus dem dreidimensionalen in einen zweidimensionalen Raum transformiert werden. In Abbildung 4.6 wird ein Beispiel der PCA für einen zweidimensionalen Patch skizziert.

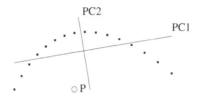

Abbildung 4.6: **Beispiel der PCA eines zweidimensionalen Patches.** Die Hauptkomponenten $PC1$ und $PC2$ beschreiben die Richtungen der größten bzw. zweitgrößten Varianz der Datenpunkte.

Im realen dreidimensionalen Fall kann für einen hinreichend großen Patch angenommen werden, dass die ersten beiden Hauptkomponenten der Oberflächenpunkte ein ebensolches Koordinatensystem aufspannen, wie es Abbildung 4.6 zeigt. Die Abstände der Punkte zur ersten Hauptkomponente ($PC1$) können dann Hinweise auf die Form der Oberfläche geben. Um diese Prozedur in Bezug auf die Vielfalt der tatsächlich vorkommenden Oberflächenstrukturen robuster zu gestalten, wurde sie außerdem um eine Gewichtungsfunktion erweitert. Die gewichtete PCA (engl. *weighted Principal Component Analysis*, wPCA) wird daraufhin für alle Oberflächenpunkte $q \in Q$ eines Patches durchgeführt. Die Datenpunkte bestimmen dann mit umso größerem Gewicht die Lage der Hauptkomponentenachse, je näher sie sich am Ausgangspunkt q befinden. Die unmittelbaren Nachbarpunkte von q beeinflussen somit deutlich intensiver die Ausrichtung der Hauptkomponente als diejenigen, die erheblich weiter entfernt liegen. In Abbildung 4.7 ist klar erkennbar, wie stark der Punkt q und dessen Nachbarn die Lage der $PC1$ beeinflussen.

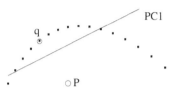

Abbildung 4.7: **Gewichtete Hauptkomponentenanalyse (wPCA) ausgehend vom Punkt q.** Bei einer wPCA erhalten die Distanzen aller Datenpunkte, deren Summe es zu minimieren gilt, eine Gewichtung abhängig von ihrer Entfernung zu q. Die Hauptkomponentenachse wird also nicht mehr so in der Punktmenge platziert, dass die Summe aller Distanzen minimiert wird, sondern so, dass die Summe der gewichteten Distanzen minimiert wird.

Nach Überführung der anfänglich dreidimensionalen Daten in ein zweidimensionales Koordinatensystem können die neuen y-Koordinaten zur Bestimmung der Oberflächenform verwendet werden, da sie die Abstände der Datenpunkte zur ersten Hauptkomponente widerspiegeln. Bevor jedoch genauer auf die Klassifikation der Patchoberfläche eingegangen wird, soll zunächst die Berechnung der Hauptkomponenten betrachtet werden.

4.4.3 Durchführung einer wPCA

In einem ersten Schritt werden die dreidimensionalen Ausgangsdaten in einer $3 \times n$ Matrix M abgelegt, wobei n die Anzahl der Oberflächenpunkte in Q ist.

$$M = \begin{pmatrix} q_{1x} & q_{2x} & \cdots & q_{nx} \\ q_{1y} & q_{2y} & \cdots & q_{ny} \\ q_{1z} & q_{2z} & \cdots & q_{nz} \end{pmatrix} \tag{4.6}$$

Von den Daten in M werden daraufhin die gewichteten Mittel der jeweiligen Dimensionen subtrahiert. Hier manifestiert sich der Unterschied zu einer gewöhnlichen PCA, bei der nicht das gewichtete Mittel, sondern das arithmetische Mittel verwendet werden würde. Jedem Punkt in der Matrix M wird anhand der Entferung d zum aktuell betrachteten Punkt q ein Gewicht

$$w = e^{-\frac{1}{2}d} \tag{4.7}$$

zugewiesen. Es werden durch diese Funktion Gewichte aus dem linksoffenen Intervall $(0, 1]$ vergeben; die entferntesten Punkte erhalten die kleinsten Gewichtungen. Durch den Faktor $\frac{1}{2}$ im Exponenten wurde die Gewichtsfunktion an die Gitterabstände des LIGSITE-Algorithmus von 0.5 Å angepasst.

Aufgrund der Substraktion der gewichteten Mittel einer Dimension von jedem Eintrag in M ergibt sich eine neue Matrix B. Das gewichtete Mittel jeder Dimension ($\tilde{X}$, $\tilde{Y}$ und $\tilde{Z}$) errechnet sich durch die Verwendung der oben beschriebenen Gewichtungsfunktion w in den Formeln

$$\tilde{X} = \frac{\sum_{i=1}^{n} q_{ix} \cdot w(q_i)}{\sum_{i=1}^{n} w(q_i)} \tag{4.8}$$

$$\tilde{Y} = \frac{\sum_{i=1}^{n} q_{iy} \cdot w(q_i)}{\sum_{i=1}^{n} w(q_i)} \tag{4.9}$$

$$\tilde{Z} = \frac{\sum_{i=1}^{n} q_{iz} \cdot w(q_i)}{\sum_{i=1}^{n} w(q_i)} \tag{4.10}$$

Somit lässt sich die Matrix B folgendermaßen definieren:

$$B = \begin{pmatrix} q_{1x} - \tilde{X} & q_{2x} - \tilde{X} & \ldots & q_{nx} - \tilde{X} \\ q_{1y} - \tilde{Y} & q_{2y} - \tilde{Y} & \ldots & q_{ny} - \tilde{Y} \\ q_{1z} - \tilde{Z} & q_{2z} - \tilde{Z} & \ldots & q_{nz} - \tilde{Z} \end{pmatrix} \qquad (4.11)$$

Aus den Daten in Matrix B wird jetzt eine 3×3 Kovarianzmatrix C berechnet. Dafür sei zuvor der Begriff der Kovarianzmatrix kurz erläutert.

4.4.3.1 Kovarianzmatrix

Die Kovarianz ist ein Maß aus der Statistik und beschreibt den Zusammenhang zweier Zufallsvariablen. In unserem Fall wird die Korrelation zweier Dimensionen der Oberflächenpunkte miteinander bemessen. Grundlage für die Berechnung der Kovarianz von zwei Dimensionen bildet deren Mittelwert. Seien X und Y die Dimensionen deren Kovarianz ermittelt werden soll, und $\overline{X}$ und $\overline{Y}$ die arithmetischen Mittel dieser Dimensionen. Die Kovarianz ergibt sich dann aus

$$cov(x,y) = \frac{\sum_{i=1}^{n}(x_i - \overline{X})(y_i - \overline{Y})}{(n-1)} \qquad (4.12)$$

Für jedes Datenelement wird also der Wert von x abzüglich des Mittelwerts $\overline{X}$ multipliziert mit dem Wert von y abzüglich des Mittelwerts $\overline{Y}$. Alle Werte werden addiert und schließlich durch $(n-1)$ dividiert. Die größte Rolle im Resultat dieser Rechnung spielt dessen Vorzeichen. Ist das Vorzeichen positiv oder negativ, besteht ein Zusammenhang zwischen den Daten x und y. Im Falle eines positiven Vorzeichens wachsen bzw. schrumpfen die Werte der beiden Dimensionen gemeinsam. Bei negativem Vorzeichen verhalten sie sich gegensätzlich zueinander: Wenn x wächst, schrumpft y und umgekehrt.

Da sich für einen n-dimensionalen Datensatz $\binom{n}{2}$ Kovarianzen errechnen lassen, können in unserem Fall von drei Dimensionen also die Kovarianzen $cov(x,y)$, $cov(x,z)$ und $cov(y,z)$ bestimmt werden. Diese Werte sind mit $cov(y,x)$, $cov(z,x)$ und $cov(z,y)$ identisch, da in der Formel für die Kovarianzenberechnung lediglich die Faktoren $(x_i - \overline{X})$ und $(y_i - \overline{Y})$ vertauscht sind. Hinzu kommen $cov(x,x)$, $cov(y,y)$ und $cov(z,z)$, die allerdings dieselben Werte wie die Varianzen dieser drei Dimensionen ergeben. Sie müssen nur berechnet werden, um die Kovarianzmatrix C zu komplettieren. Diese enthält demzufolge insgesamt $2 \cdot \binom{3}{2} + 3 = 9$ Einträge.

$$C = \begin{pmatrix} cov(x,x) & cov(x,y) & cov(x,z) \\ cov(y,x) & cov(y,y) & cov(y,z) \\ cov(z,x) & cov(z,y) & cov(z,z) \end{pmatrix} \tag{4.13}$$

4.4.3.2 Transformation der Ausgangsdaten

Kommen wir nun wieder zurück zur Durchführung der gewichteten PCA, für welche die Kovarianzmatrix aufgebaut werden musste. Da es sich bei C um eine quadratische Matrix handelt, können von ihr die für die PCA notwendigen Eigenvektoren und Eigenwerte berechnet werden. Man erhält daraufhin eine Matrix D, welche die Eigenwerte von C enthält, sowie eine Matrix V von Eigenvektoren. D ist gleichermaßen dimensioniert wie die Ausgangsmatrix und somit ebenfalls eine quadratische 3×3 Matrix. Entlang der Hauptdiagonalen d_{ii} enthält sie die errechneten Eigenwerte aller Dimensionen von C. Die Matrix V enthält spaltenweise die zugehörigen Eigenvektoren. Der Eigenwert d_{ii} ist dabei dem Eigenvektor in Spalte i von V zugehörig. Bei der Hauptkomponentenanalyse interessiert man sich für die Paare von Eigenwerten und -vektoren, die die größten Eigenwerte besitzen. Das Paar mit dem größten Eigenwert beschreibt die erste Hauptkomponente. Der nächste Schritt bei der PCA ist daher das Sortieren von D und V anhand der Größe der Eigenwerte in D. Ziel ist es, die Werte auf der Diagonalen von D absteigend zu sortieren. Dementsprechend müssen die Spalten von V neu angeordnet werden, um den Zusammenhang der beiden Matrizen nicht zu zerstören. Als Sortieralgorithmus wurde *BubbleSort* (Knuth, 1981) implementiert, obwohl dieser mit der quadratischen Komplexität $O(n^2)$ nicht zu den effizientesten Sortierverfahren zählt. Dennoch ist seine tatsächliche Laufzeit für kleine Zahlenmengen kaum zu schlagen. In unserem Fall ist eine Menge der Mächtigkeit drei zu sortieren, so dass selbst die *worst case* Laufzeit nur neun Iterationen betragen würde.

Spalte eins und zwei von V beschreiben daraufhin die ersten beiden Hauptkomponenten des Datensatzes von Oberflächenpunkten. Es wird jetzt eine Matrix F erzeugt, die nur noch diese ersten beiden Spalten von V enthält.

$$F = \begin{pmatrix} v_{11} & v_{12} \\ v_{21} & v_{22} \\ v_{31} & v_{32} \end{pmatrix} \qquad (4.14)$$

Diese Matrix wird im Rahmen der PCA häufig als *feature vector* bezeichnet, obwohl es sich eigentlich weniger um einen Vektor handelt als vielmehr um eine Matrix bestehend aus Vektoren.

Mithilfe von F kann die letztendliche Ableitung eines Datensatzes N in einem neuen Koordinatensystem erfolgen. Dazu wird der ursprüngliche Datensatz in Matrix M mit der transponierten Matrix F multipliziert.

$$N = F^T M \qquad (4.15)$$

Das hier beschriebene Vorgehen für die Durchführung einer wPCA orientiert sich am Ablauf, der im Tutorial über die Hauptkomponentenanalyse von LINDSAY I. SMITH (Smith, 2002) vorgestellt wurde. Durch Hinzunahme der Gewichtungsfunktion wurde die Prodezur für die vorliegende Situation angepasst.

4.4.4 Bestimmung der Oberflächencharakteristik

Mit der Überführung der Ausgangsdaten (x-, y- und z-Koordinaten aller Oberflächenpunkte eines Patches) in ein neues Koordinatensystem ist der größte Teil der
Arbeit bei der Bestimmung der Oberflächenform bereits verrichtet. Die Punkte befinden sich nun in einer neuen Umgebung mit der ersten Hauptkomponente als x-
Achse und der zweiten Hauptkomponente als y-Achse. Da die wPCA für jeden
einzelnen Oberflächenpunkt durchgeführt wird, lassen sich dadurch die lokale Konvexität bzw. Konkavität eines Patches ermitteln. Um diese lokale Beschaffenheit
zu bestimmen, muss das Pseudozentrum ebenfalls in das neue Koordinatensystem
transformiert werden. Dies ist nötig, um die Lage des Pseudozentrums P im Bezug
auf den aktuellen Punkt q festzustellen. Es ist entscheidend für das weitere Vorgehen, ob sich P und q auf derselben Seite der Hauptkomponentenachse befinden oder
nicht (Abb. 4.8).

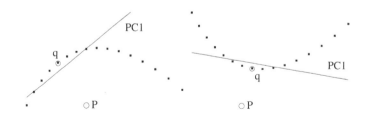

Abbildung 4.8: **Zweidimensionale Darstellung eines konvexen und konkaven Patches.** Im
linken Beispiel befinden sich das Pseudozentrum P und der Oberflächenpunkt q auf verschiedenen
Seiten der Hauptkomponente $PC1$. Die lokale Oberflächenstruktur soll daher als konvex erkannt
werden. Rechts befinden sich P und q auf derselben Seite der $PC1$. Der lokale Bereich des
Patches soll als konkav klassifiziert werden.

Um das Pseudozentrum auch in den neuen zweidimensionalen Raum zu transformieren, werden die gleichen Operationen ausgeführt wie bei der Matrizenmultipli-

kation $N = F^T M$. Die x- und y-Koordinaten von $P_{transformiert}$ werden daher folgendermaßen mittels des *feature vectors* berechnet:

$$P_{transformiert} = \begin{pmatrix} x_{alt} \cdot f_{11} + y_{alt} \cdot f_{21} + z_{alt} \cdot f_{31} \\ x_{alt} \cdot f_{12} + y_{alt} \cdot f_{22} + z_{alt} \cdot f_{32} \end{pmatrix} \tag{4.16}$$

Für jeden Punkt q werden nun Beitragswerte zur Konvexität bzw. Konkavität des
Gesamtpatches ermittelt. Über die Funktion w kommen auch hier wieder die Gewichte der einzelnen Punkte zum Einsatz, die abhängig von der Distanz d durch
$e^{-\frac{1}{2}d}$ berechnet wurden. Anhand dieser Funktion werden die Abstände aller Punkte
zur Hauptkomponentenachse (y-Werte) gewichtet. Die beiden Variablen *convex-
Contribution* und *concavContribution* erhalten diese lokalen Beiträge aller Oberflächenpunkte und werden über ein Fallunterscheidungskonstrukt gefüllt: Befinden
sich der Punkt q und das Pseudozentrum P auf derselben Seite von $PC1$ (siehe Abb.
4.8, rechts), leisten alle Punkte des Patches, die auf der anderen Seite liegen, einen
Beitrag zur Konkavität. Die restlichen Punkte, die auf derselben Seite wie q liegen,
leisten hingegen einen Beitrag zur Konvexität. Falls q und P nicht auf derselben
Seite von $PC1$ liegen (siehe Abb. 4.8, links), leisten die Punkte auf der Seite von q
einen Beitrag zur Konkavität und die Punkte auf der Seite von P einen Beitrag zur
Konvexität. Nachfolgend soll diese Vorgehensweise in Pseudocode zusammengefasst werden:

```
if (Vorzeichengleichheit(P.y, q.y))
{
  foreach v in Q
  {
    if (Vorzeichengleichheit(v.y, q.y)) {
      convexContribution += |v.y * w(v)|
    }
    else {
      concavContribution += |v.y * w(v)|
    }
  }
```

```
}
else    // Keine Vorzeichengleichheit von P und q
{
  foreach v in Q
  {
    if (Vorzeichengleichheit(v.y, q.y)) {
      concavContribution += |v.y * w(v)|
    }
    else {
      convexContribution += |v.y * w(v)|
    }
  }
}
```

Insgesamt werden die lokalen Beiträge *convexContribution* und *concavContribution* jedes einzelnen Oberflächenpunktes durch wPCA bestimmt. Letztendlich werden all diese Beiträge zu einem Konvexitäts- und einem Konkavitätsmaß des gesamten Patches aufaddiert. Das Pseudozentrum jedes Patches erhält dafür die Eigenschaften *convexity* und *concavity*.

$$P_{convexity} = \sum_{i=1}^{|Q|} convexContribution(q_i) \tag{4.17}$$

$$P_{concavity} = \sum_{i=1}^{|Q|} concavContribution(q_i) \tag{4.18}$$

Die beiden Eigenschaften erhalten daraufhin Werte aus dem Intervall $[0,\infty)$. Um einen Eindruck über die tatsächlichen Wertebereiche zu vermitteln, werden jetzt einige Patches[2] mit ihren Konvexitäts- und Konkavitätsscores aufgeführt (Tabelle 4.1).

Unter diesen Beispielen befindet sich an Position fünf auch ein Patch, der sowohl eine Konvexität als auch eine Konkavität von null besitzt. Solche Fälle sind dadurch zu erklären, dass die wPCA zur Bestimmung der Oberflächencharakteristik erst ab

[2]Die gezeigten Beispiele sind Patches der Ligase Argininosuccinat Synthetase (PDB-ID: 1KH2).

50

Patch	Konvexität	Konkavität
1	39.54	32.42
2	537.5	364.81
3	254.44	162.95
4	502.35	269.69
5	0.0	0.0
6	296.98	148.74
7	3614.9	375.55

Tabelle 4.1: Beispiele von Konvexitäts- und Konkavitätsscores

einer Patchgröße von mindestens fünf Oberflächenpunkten durchgeführt wird. Kleinere Bereiche werden also bezüglich ihrer Form gar nicht bewertet.

Mit Patch Nummer sieben fällt außerdem ein Beispiel mit sehr großem Konvexitäts- zu Konkavitätsverhältnis auf. Dieses Verhältnis von ca. zehn besagt, dass es sich bei dem Patch um eine äußerst konvexe Oberflächenform handeln muss. Durch ein Plotting des Patches lässt sich diese Aussage bestätigen. Die Oberflächenpunkte bilden eine sehr konvexe (schalenartige) Form um das Pseudozentrum (Abb. 4.9).

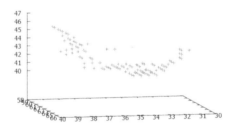

Abbildung 4.9: Visualisierung eines Patches mit einem Konvexitäts- zu Konkavitätsverhältnis von ca. 10. Es ist deutlich zu erkennen, dass die Oberflächenpunkte (rot) tatsächlich eine konvexe Form um das Pseudozentrum (grün) ausbilden.

4.5 Zusammenfassung

Der Hauptteil dieser Arbeit besteht aus verschiedenen Erweiterungen der Bindeta-
schenrepräsentation. Da im Folgenden die Ergebnisse dieser Weiterentwicklungen
untersucht werden, ist es sinnvoll, an dieser Stelle noch einmal einen Überblick
über den Ausbau der Bindestelleninformationen zu geben. Die drei wesentlichen
Erweiterungen sind:

1. **Patchvektor**

   Um mehr als nur eine physikochemische Eigenschaft von Pseudozentren ko-
   dieren zu können, wurde das einfache Typenlabel durch einen sechsdimensionalen Vektor ersetzt. Der Vergleichsalgorithmus muss also zukünftig einen
   Vergleich von Vektoren realisieren, statt nur zwei Textlabel zu vergleichen.

2. **Oberflächenschwerpunkt**

   Für jeden Patch wurde die Position des Oberflächenschwerpunkts berechnet,
   um diesen anstelle der Pseudozentren im Vergleichsalgorithmus zu verwenden. Im Auswertungsteil (Kapitel 5.2.4) werden beide Optionen untersucht.

3. **Oberflächenbeschaffenheit**

   Damit der Vergleichsalgorithmus auch die Form in die Ähnlichkeitsbewer-
   tung zweier Patches einbeziehen kann, wurde für jeden Patch ein Score für
   den Grad der Konvexität sowie den Grad der Konkavität bestimmt.

Kapitel 5

Ergebnisse

5.1 Auswertung der heuristischen Methode

Es wurden zunächst die Ergebnisse des Ansatzes untersucht, der eine Bestimmung der Oberflächenbeschaffenheit durch das Pseudozentrum P und den Patch-Schwerpunkt M vornimmt (siehe Seite 39). Trotz der optimistischen Betrachtungsweise und des aus mathematischer Sicht trivialen Vorgehens liefert diese Methode bereits recht akzeptable Ergebnisse. Bei der Untersuchung eines Testdatensatzes aus 80 Patches wurde versuchsweise eine Schranke von $|d_e(P,M) - d_e(P,s)| >= 0.15$ festgelegt. Die beiden Distanzen mussten sich also um mindestens 0.15 Å unterscheiden, bevor es überhaupt zu einer Klassifizierung der Oberflächenform kam. Diese Schranke sollte dazu beitragen, die Anzahl der falsch klassifizierten Patches möglichst gering zu halten. Mit dieser Einstellung klassifizierte der Algorithmus 32 der insgesamt 80 Patches (40%). Natürlich gestaltete sich die Validierung der Ergebnisse schwierig, da es noch keine weiteren Ansätze gab, die Oberflächenstruktur eines Patches zu ermitteln. Die Resultate wurden deshalb durch die visuelle Inspektion jedes einzelnen der 32 Patches als „richtig", „falsch" oder „weder noch" bewertet. Letzteres war bei solchen Oberflächen der Fall, die mit bloßem Auge nicht als konvex oder konkav eingestuft werden konnten. Die 32 Klassifizierungen des Algorithmus wurden daraufhin wie folgt beurteilt:

Richtig	Falsch	Weder noch
22 (69%)	3 (9%)	7 (22%)

Tabelle 5.1: Ergebnisse der heuristischen Methode

Schon bei einer relativ niedrigen Schranke von 0.15 Å werden also nur 40% aller Patches überhaupt klassifiziert. Zwar lässt sich diese Barriere noch weiter verringern, um möglicherweise eine höhere Klassifizierungsrate zu erzielen, allerdings muss dann angenommen werden, dass dadurch die Anzahl der korrekt beurteilten Patches in ähnlichem Maße reduziert wird.

5.2 Gewichtete Hauptkomponentenanalyse (wPCA)

Anschließend wurden die Ergebnisse der neuen Bindestellenvergleiche, welche die wPCA zur Bestimmung der Oberflächenform einsetzten, durch Klassifikationsuntersuchungen auf ihre Korrektheit überprüft. Dazu wurden die neu implementierten Algorithmen auf einen Datensatz von insgesamt 355 Bindetaschen angewendet und die Ergebnisse anschließend durch ein Kreuzvalidierungsverfahren untersucht.

5.2.1 Testdatensatz

Der Testdatensatz, auf den die neuen Algorithmen angewendet wurden, wurde so gewählt, dass sich die Ergebnisse mit denen der bisherigen Ansätze vergleichen lassen. Der Datensatz besteht aus insgesamt 355 bestätigten Bindestellen für NADH bzw. ATP (Fober *et al.*, 2009b). NADH (Nicotinamid-Adenin-Dinukleotid) und

ATP (Adenosintriphosphat) sind Moleküle, die an zahlreichen Reaktionen des zellulären Stoffwechsels beteiligt sind. ATP ist auch als die „Energiewährung der Zelle" bekannt, da es in chemischer Form gespeicherte Energie enthält, die viele Reaktionen im Körper antreiben kann. Aufgrund der Omnipräsenz dieser beiden Moleküle lässt sich leicht eine große Menge von Proteinen bzw. Enzymen finden, welche diese als Kofaktoren gebunden haben. Aus dem Gesamtbestand von Cavbase wurden 214 Proteine ausgewählt, die alle mit dem Ligand NADH kokristallisiert wurden. Zusätzlich wurden noch 141 Proteine extrahiert, die zusammen mit dem Ligand ATP aufgelöst wurden. Die Bindestellen wurden anschließend auf eine Tasche je Enzym reduziert, so dass alle Proteine des Testdatensatzes eindeutig waren und jedes Protein durch genau eine Bindestelle repräsentiert wurde.

Die Testdaten bestehen somit aus zwei Klassen von Bindestellen, die vom Vergleichsalgorithmus bestmöglich unterschieden werden sollen. Die große Herausforderung stellt hierbei der *flexible fit* der Kofaktoren dar. Wie bereits in Kapitel 1 erwähnt, haben Liganden oftmals unterschiedliche Bindungsmodi (*flexible fit*, alternativer Bindungsmodus). Derselbe Ligand bindet also in verschiedenen Bindetaschen nicht immer in derselben Konformation, sondern kann durchaus unterschiedliche Formen annehmen. Das Erkennen von Bindestellen für denselben Ligand ist deshalb über den einfachen strukturellen Vergleich der Bindestellen zum Teil äußerst schwierig. Die Algorithmen in Cavbase sowie die in dieser Arbeit vorgestellten Erweiterungen sollen genau dieses Problem in den Griff bekommen und die Bindestellen besser klassifizieren als es durch einen schlichten Vergleich der Sekundär- oder Tertiärstruktur möglich ist. Die Auswertung der Vergleichsergebnisse erfolgt durch eine *Leave-One-Out*-Kreuzvalidierung, wie sie auch in (Fober *et al.*, 2009b) durchgeführt wurde.

5.2.2 Leave-One-Out-Kreuzvalidierung

Um die prozentuale Korrektheit der Versuchsergebnisse zu bestimmen, wurde ein Testverfahren aus der Statistik namens *Leave-One-Out*-Kreuzvalidierung angewendet. Als Klassifizierer wurde das *k-nearest neighbor*-Verfahren eingesetzt. Wie in den vorangegangenen Arbeiten werden die Ergebnisse mit $k = \{1,3,5,7,9\}$ untersucht, so dass die Resultate bestmöglich miteinander verglichen werden können.

5.2.3 Durchführung der Validierung

Die Bindetaschenvergleiche durch das Greedy Graph-Alignment nehmen — je nach Größe der zu vergleichenden Graphen — vereinzelt sehr viel Rechenzeit in Anspruch. Die Laufzeit für einen Vergleich aus dem beschriebenen Testdatensatz beträgt im Durchschnitt ca. 25 Sekunden[1] und kann in einigen Fällen bis über 30 Minuten wachsen.

Bei einem solchen Projekt bietet es sich deshalb an, die Berechnungen auf irgendeine Weise zu parallelisieren. Das gesamte Berechnungsproblem wurde daher in 355 Teilprobleme aufgeteilt, so dass jede Zeile der zu berechnenden Scoringmatrix gesondert abgearbeitet werden konnte. So konnte die Scoringmatrix durch ein parametrisiertes Programm parallel auf einem Rechnercluster[2] ermittelt werden, wobei das Programm für jede Matrixzeile eine separate Ausgabedatei mit den jeweiligen Scores erzeugte.

---

[1]Durchschnittliche Rechenzeit bei 40 zufälligen Bindetaschenvergleichen aus dem beschriebenen Testdatensatz. Leistungsmerkmale des verwendeten Systems: DualCore CPU (2.40 GHz), 64-Bit, 2 GB RAM, Windows 7 Enterprise.

[2]Als Rechnercluster wurde der „MaRC Linux Cluster" an der Philipps-Universität Marburg verwendet. Leistungsmerkmale: DualCore mit 2.0–2.4 GHz, 12 Compute Nodes mit 16 GB RAM, 73 Compute Nodes mit 8 GB RAM, 57 Compute Nodes mit 16 GB RAM; Debian GNU/Linux v5.0.

5.2.4 Ergebnisse

Für die Auswertung der neuen Algorithmen wurden mehrere Versuchsläufe mit unterschiedlichen Einstellungen auf dem Testdatensatz durchgeführt. Es wurden unterschiedliche Vergleichsmethoden der Patchvektoren und Oberflächenkrümmungen getestet. Im Hintergrund der Versuche stand der ursprüngliche Greedy-Algorithmus des Graph-Alignments (GA). Tabelle 5.2 zeigt, welche Anteile des Testdatensatzes durch diese Methode bisher richtig klassifizieren werden konnten.

k	GA
1	76,6%
3	71,8%
5	72,4%
7	71,8%
9	71,3%

Tabelle 5.2: Bisherige Ergebnisse des Greedy-Algorithmus für das Graph-Alignment (GA).

In einem früheren Ansatz wurden bereits niedrigerdimensionale Repräsentationen von Patchvektoren getestet und über ihr Skalarprodukt miteinander vergleichen. Die physikochemischen Eigenschaften zweier Patches wurden dabei als ähnlich betrachtet, wenn das Skalarprodukt der Patchvektoren mindestens 0.7 betrug (Kuhn, 2004). Die damaligen Untersuchungen zeigten, dass die verwendete Bindestellenrepräsentation mit dem beschriebenen Patchvektorvergleich zu keinen Verbesserungen in den Klassifikationsversuchen führte. In einer ersten Versuchsreihe wurde deshalb eine alternative Repräsentation der Bindestelle sowie eine andere Parametrisierung des Vektorvergleichs getestet. Zusätzlich floss die Oberflächenform in die paarweisen Patchvergleiche ein.

5.2.4.1 Alternative Bindestellenrepräsentation und neue Parametrisierung der Patchvergleiche

Zunächst wurde der Ähnlichkeitsschwellenwert von 0.7 für das Skalarprodukt zweier Patchvektoren beibehalten. Zusätzlich wurde auch die Oberflächenbeschaffenheit der Patches in diesem Versuchslauf durch den größeren der beiden Krümmungsscores berücksichtigt. Der größere der beiden Scores von Patch 1 muss also dem größeren der beiden Scores von Patch 2 entsprechen. Somit werden die Patches nur dann als ähnlich erkannt, wenn sie beide einen höheren Konvexitäts- als Konkavitätsscore oder beide einen höheren Konkavitäts- als Konvexitätsscore besitzen.

Eine weitere Änderung bei diesem Versuch bestand in der eigentlichen Bindestellenrepräsentation. Genauer gesagt betrifft dies den Aufbau der Graphen, die während des Alignments miteinander verglichen werden. Bisher wurden die Pseudozentren der beiden Proteinbindestellen in die Knoten der Eingabegraphen transformiert. Bei diesem Test sollte untersucht werden, ob sich die Ergebnisse durch die Verwendung der Oberflächenschwerpunkte anstatt der Pseudozentren für die Graphknoten verbessern lassen. Dies schien eine sinnvolle Überlegung zu sein, da mittlerweile nicht mehr eindeutige Labels von Pseudozentren miteinander verglichen werden, sondern Eigenschaftsvektoren ganzer Patches (siehe Seite 70). Tabelle 5.3 zeigt aber, dass die Klassifikation der Bindestellen im Testdatensatz ein deutlich schlechteres Ergebnis lieferte als es beim vorherigen Ansatz der Fall war.

Anlässlich der Ergebnisse dieses Versuchs, wurde in Versuch Nummer zwei wieder die ursprüngliche Repräsentation der Bindestellengraphen angewendet. Aufgrund früherer Untersuchungen, die den Einsatz von niedrigerdimensionalen Patchvektoren im Bindestellenvergleich testeten (Kuhn, 2004), konnte angenommen werden, dass die beobachteten Verschlechterungen eher aus der neuen Graphrepräsentati-

k	GA	$GA_{center, curve}$
1	76,6%	70,1%
3	71,8%	67,0%
5	72,4%	65,1%
7	71,8%	62,5%
9	71,3%	65,4%

Tabelle 5.3: Ergebnisse von Versuch $GA_{center, curve}$ im Vergleich zu den bisherigen Ergebnissen von GA. $GA_{center, curve}$ verwendete eine neue Bindestellenrepräsentation mit den Oberflächenschwerpunkten anstelle der Pseudozentren als Graphknoten. Außerdem wurde in diesem Versuch die Richtung von Oberflächenkrümmungen berücksichtigt.

on resultierten. Es wurden somit wieder die Pseudozentren statt der Oberflächenschwerpunkte zur Erstellung der Alignment-Graphen genutzt.

Des weiteren wurde der Schwellenwert für die Ähnlichkeit von Patchvektoren reduziert, um einen noch unschärferen Vergleich der Vektoren zu realisieren. Durch diese niedrigere Schranke sollten auch solche Patchvektoren als ähnlich anerkannt werden, deren größte Komponente keinen besonders hohen Wert wie etwa 0.7 erreicht. Eine Untersuchung zeigte, dass derartige Vektoren, die sich durchaus sehr ähnlich sein können, relativ häufig vorkommen. So konnte bei der Betrachtung von 2441 zufälligen Patchvektorkomponenten, die größer als Null waren, gezeigt werden, dass 47% dieser Komponenten einen kleineren Wert als 0.7 enthielten. Bei einem Ähnlichkeitsschwellenwert von 0.7 für das Skalarprodukt zweier Patchvektoren würden daher viele dieser Vektoren grundsätzlich nicht mehr als ähnlich erkannt werden. Der Schwellenwert wurde deshalb auf 0.55 reduziert, da somit auch Vektoren mit entsprechend niedrigeren Komponenten eher als ähnlich beurteilt werden können.

Die Oberflächencharakteristik wurde auf die gleiche Weise berücksichtigt wie im vorherigen Versuch. Über Ähnlichkeiten von Oberflächenformen wurde also anhand der jeweiligen Krümmungsrichtungen entschieden.

Bei diesem Versuch konnten zwar deutlich mehr der 355 Bindetaschen richtig klassifiziert werden, allerdings ließ sich in Bezug auf die bisherige Methode GA ebenfalls noch kein Fortschritt erzielen. Die Ergebnisse des Versuchs sind in Tabelle 5.4 zusammengefasst.

k	GA	$GA_{0.55, \text{curve}}$
1	76,6%	72,4%
3	71,8%	74,9%
5	72,4%	71,8%
7	71,8%	70,4%
9	71,3%	68,7%

Tabelle 5.4: Ergebnisse von Versuch $GA_{0.55, \text{curve}}$ im Vergleich zu den bisherigen Ergebnissen von GA. $GA_{\text{center, curve}}$ verwendete wieder die ursprüngliche Bindestellenrepräsentation mit Pseudozentren als Graphknoten. Außerdem wurde in diesem Versuch die Richtung von Oberflächenkrümmungen berücksichtigt sowie der Ähnlichkeitsschwellenwert des Skalarprodukts zweier Patchvektoren auf 0.55 reduziert.

5.2.4.2 Berücksichtigung der Krümmungsintensität

In den folgenden drei Versuchen wurden erstmals die Intensitäten der Oberflächenkrümmungen in den Patchvergleichen berücksichtigt. Dafür wurden für beide Patches, die es zu vergleichen galt, die Quotienten a aus Konvexitäts- und Konkavitätsscore berechnet.

$$a = \frac{P_{convexity}}{P_{concavity}} \tag{5.1}$$

Die Beträge dieser Quotienten sind umso größer, je stärker die Scores der beiden Oberflächencharakteristika voneinander differieren. Im anschließenden Vergleich wurden Patches nur noch dann als ähnlich betrachtet, wenn sich deren Quotienten a_1 und a_2 um weniger als eine Schranke δ voneinander unterscheiden. Um diese Schranke passend zu wählen, wurden die Quotienten a einer Menge von 2000 zufälligen Patches betrachtet. Diese Untersuchung zeigte, dass der Quotient a in diesem

Fall zwar Werte von etwa 0.6 bis über 295 annimmt, die überwiegende Mehrheit von 1883 Patches (94.2%) sich aber in dem relativ schmalen Intervall von 0.75 bis 3 befindet (Abbildung 5.1). Eine Schranke von $\delta = 0.5$ erschien somit eine angemessene Einstellung für den ersten Versuch dieser Reihe zu sein. Es sollten dadurch nur noch die Patches als ähnlich erkannt werden, deren Oberflächenformen sich sehr ähnlich sind.

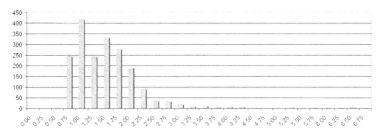

Abbildung 5.1: **Verteilung des Quotienten** a **bei 2000 zufälligen Patches.** Zwar nimmt der Quotient a in dieser Untersuchung Werte bis über 295 an (Daten nicht gezeigt), die deutliche Mehrheit von 1883 (94.2%) liegt allerdings im schmalen Intervall von 0.75 bis 3.

Patches wurden in diesem Versuch also nur dann als ähnlich bewertet, wenn die Skalarprodukte ihrer Patchvektoren mindestens 0.7 betrugen und darüber hinaus

$$|a_1 - a_2| < \delta \qquad (5.2)$$

galt.

Bei diesem Versuch ließ sich zumindest für $k = 1$ eine beträchtliche Verbesserung im Vergleich zu allen vorherigen Ansätzen, die auf dem Greedy Graph-Alignment basierten, erzielen. Der Algorithmus konnte in diesem Fall 80.28% der Bindetaschen korrekt klassifizieren (Tabelle 5.5).

Um die Ergebnisse des Algorithmus zu verdeutlichen, wurde eine multidimensionale Skalierung (MDS) auf der Scoringmatrix durchgeführt. Das Ziel dieses Ver-

k	GA	$GA_{\delta=0.5}$
1	76,6%	80,3%
3	71,8%	71,8%
5	72,4%	62,5%
7	71,8%	60,0%
9	71,3%	59,2%

Tabelle 5.5: Ergebnisse von $GA_{\delta=0.5}$ im Vergleich zu den bisherigen Ergebnissen von GA. $GA_{\delta=0.5}$ berücksichtigte nun auch die Intensitäten von Oberflächenkrümmungen.

fahrens aus der multivariaten Statistik ist es, Objekte so im Raum anzuordnen, dass die Distanzen zwischen den einzelnen Elementen möglichst ihren Ähnlichkeiten bezüglich der Scores entsprechen. Elemente, deren Ähnlichkeitsscore sehr groß ist, werden also in einer MDS sehr nah beieinander dargestellt. Das Resultat der MDS ist in Abbildung 5.2 zu sehen.

In vielen Bereichen scheinen die Bindestellen für NADH (blaue Punkte) und ATP (rote Kreuze) deutlich voneinander getrennt. In einem Bereich hat der Algorithmus allerdings große Schwierigkeiten, die beiden Klassen zu unterscheiden. Dieser Bereich ist mit einem Pfeil gekennzeichnet und in der oberen rechten Ecke vergrößert dargestellt. Die zwei Klassen erscheinen im Kern dieses Bereichs sehr ungeordnet und können deshalb schlecht voneinander getrennt werden.

Aufgrund der viel versprechenden Ergebnisse für $k = 1$, wurde diese Methode, bei der auch die Krümmungsgrade berücksichtigt wurden, im nächsten Versuch weiter verfolgt. Es lag nahe, den Parameter δ, der beim Ähnlichkeitsvergleich zweier Oberflächenformen eine Rolle spielt, zu verändern, um dadurch möglicherweise eine weitere Verbesserung der Ergebnisse zu erzielen. Deshalb wurde δ bei diesem Versuch zunächst auf 0.3 verringert. Patches wurde damit nur noch dann als ähnlich beurteilt, wenn sich ihre Quotienten a aus Konvexität und Konkavität um weniger als 0.3 unterscheiden. Leider ließ sich mit diesen Einstellungen keine weitere Verbesserung erreichen. Die Patches wurden für $k = 1$ nunmehr noch zu 78.31% richtig

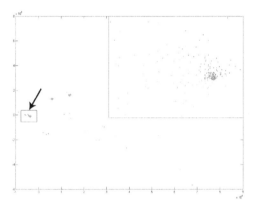

Abbildung 5.2: **Multidimensionale Skalierung (MDS) der Ergebnisse von Versuch GA$_{\delta\,=\,0.5}$, Stress-Wert = 7.617e-08.** Die Bindestellen für NADH und ATP sind hier als blaue Punkte und rote Kreuze gezeigt. Meist können die beiden Klassen gut voneinander separiert werden. In einem Bereich scheint der Algorithmus allerdings noch große Probleme zu haben. Dieser sehr ungeordnete Bereich ist mit einem Pfeil markiert und in der oberen rechten Ecke des Bildes vergrößert dargestellt.

klassifiziert (Tabelle 5.6).

k	GA	$GA_{\delta = 0.3}$
1	76,6%	78,3%
3	71,8%	69,0%
5	72,4%	62,5%
7	71,8%	60,6%
9	71,3%	60,3%

Tabelle 5.6: Ergebnisse von $GA_{\delta = 0.3}$ im Vergleich zu den bisherigen Ergebnissen von GA.

Anlässlich der Ergebnisse des letzten Versuchs wurde im folgenden Versuch Nummer fünf die Schranke δ in die andere Richtung verändert. Es wurde dieses Mal eine Einstellung von $\delta = 0.6$ verwendet und die Vergleichsmethode damit unschärfer gemacht. Alle anderen Parameter blieben im Vergleich zum letzten Versuch unverändert. Für $k = 1$ wurden nunmehr genau 80% der Proteinbindestellen richtig klassifiziert (Tabelle 5.7). In Bezug auf den vorherigen Versuch konnten die Ergebnisse dadurch zwar verbessert, die 80.28% von Versuch Nummer drei allerdings erneut nicht übertroffen werden.

k	GA	$GA_{\delta = 0.6}$
1	76,6%	80,0%
3	71,8%	71,3%
5	72,4%	63,1%
7	71,8%	60,8%
9	71,3%	60,6%

Tabelle 5.7: Ergebnisse von $GA_{\delta = 0.6}$ im Vergleich zu den bisherigen Ergebnissen von GA.

Tabelle 5.8 fasst die Ergebnisse dieser Versuchsreihe, welche auch die Intensitäten der Oberflächenkrümmungen berücksichtigte, noch einmal zusammen.

k	GA	$GA_{\delta=0.3}$	$GA_{\delta=0.5}$	$GA_{\delta=0.6}$
1	76,6%	78,3%	80,3%	80,0%
3	71,8%	69,0%	71,8%	71,3%
5	72,4%	62,5%	62,5%	63,1%
7	71,8%	60,6%	60,0%	60,8%
9	71,3%	60,3%	59,2%	60,6%

Tabelle 5.8: Ergebnisse der Versuchsreihe 3–5 im Vergleich zu den bisherigen Ergebnissen von GA.

5.2.4.3 Alternative Scoringfunktion und neuer Vektorvergleich

Entgegen der bisher untersuchten Einstellung wurde zudem noch ein völlig anderer Ansatz verfolgt. Bislang ergaben sich Knoten- und Kantenscores beim Alignment zweier Graphen aus einer Summe von Boni für Matches und Mali für Mismatches. Es sollte nun geprüft werden, inwiefern sich die Ergebnisse verändern, wenn die beiden Scores unmittelbar aus den Längenunterschieden von Kanten bzw. den Ähnlichkeitsmaßen von Knoten berechnet werden. Die Kantenscores ergaben sich damit nicht mehr aus einer Menge von Werten für Matches bzw. Mismatches, sondern direkt aus den Unterschieden $|w_1 - w_2|$ zweier Kantengewichte. Ebenso wurde mit dem Knotenscore verfahren: Hier trug der Jaccard-Koeffizient zweier Patches, der einen Wert aus $[0,1]$ enthält, unmittelbar zum Score des Knotens bei. Der Jaccard-Koeffizient (Definition 5) wurde zum Vergleich der Patchvektoren eingesetzt, da auch geprüft werden sollte, ob sich eventuell andere Kennzahlen als das Skalarprodukt beim Vergleich der Patchvektoren positiv auf die Ergebnisse aufwirken.

Definition 5 *(Jaccard-Koeffizient) Seien A und B Mengen. Der Jaccard-Koeffizient* $J(A,B)$ *ist ein Maß für die Ähnlichkeit der beiden Mengen:*

$$J(A,B) = \frac{|A \cap B|}{|A \cup B|} \tag{5.3}$$

Der Jaccard-Koeffizient liefert einen Wert zwischen 0 und 1.

Der Jaccard-Koeffizient ist also im Wesentlichen ein Ähnlichkeitsmaß für Mengen und nicht für Vektoren. Bei zwei sechsdimensionalen Patchvektoren wurde er folgendermaßen berechnet: Die Komponenten der zu vergleichenden Vektoren wurden jeweils als die Elemente einer Menge betrachtet. Es wurde ein Schwellenwert festgelegt, ab dem zwei korrespondierende Elemente als gleich angesehen wurden. Für alle sechs Komponenten der beiden Vektoren V_1 und V_2 wurde deshalb überprüft, ob sie sich um weniger als eine Schranke von 0.4 unterscheiden. Dieser Wert wurde gewählt, da so nur diese Vektoren als ähnliche Mengen betrachtet wurden, deren Komponenten tatsächlich nur in geringem Maße voneinander abweichen.

$$|v_{1i} - v_{2i}| < 0.4 \qquad (5.4)$$

Wird diese Bedingung erfüllt, wird ein Zähler *count* um den Wert „Eins" erhöht.

$$count = \sum_{i=1}^{6} \begin{cases} 1, \text{falls } |v_{1i} - v_{2i}| < 0.4 \\ 0, \text{sonst} \end{cases} \qquad (5.5)$$

Letztendlich kann *count* damit einen Wert aus $[0, 6]$ annehmen. Der Jaccard-Koeffizient ergibt sich daraufhin aus $\frac{count}{6}$.

Die Unterschiede der Oberflächenkrümmungen gingen durch den Term

$$e^{|a_1 - a_2|} \qquad (5.6)$$

ebenfalls direkt in den Score zweier Knoten ein.

Beim Auswerten der Ergebnisse zeigte sich, dass dieser Versuch Nummer sechs zu keinerlei Verbesserungen führte, da für alle k weniger Bindestellen als mit den bisherigen Ansätzen richtig klassifiziert wurden (Tabelle 5.9).

k	GA	GA$_{scoring, jaccard}$
1	76,6%	69,3%
3	71,8%	66,8%
5	72,4%	70,1%
7	71,8%	70,7%
9	71,3%	68,2%

Tabelle 5.9: Ergebnisse von GA$_{scoring, jaccard}$ im Vergleich zu den bisherigen Ergebnissen von GA.

Kapitel 6

Diskussion

Die Ergebnisse der angestellten Untersuchungen lassen einige Rückschlüsse auf den Nutzen einzelner Erweiterungen und der verwendeten Parameter zu, die im Folgenden aufgeführt werden.

6.1 Patchvektoren

Beispiele einiger berechneter Patchvektoren einer Bindestelle des N-Ethylmaleimid-sensitiven Faktors (PDB-ID: 1NSF) sind:

$$\vec{V}_1 = (0.39, 0.32, 0.00, 0.00, 0.87, 0.34)$$
$$\vec{V}_2 = (0.00, 0.85, 0.00, 0.00, 0.00, 0.24)$$
$$\vec{V}_3 = (0.31, 0.99, 0.00, 0.97, 0.00, 0.00)$$

Wie diese Beispiele zeigen, bleibt der bisherige (eindimensionale) Typ jedes Pseudozentrums meistens als größte Komponente in den Patchvektoren erhalten. Eine Untersuchung von 54190 zufälligen Patches aus dem Testdatensatz zeigte, dass dies bei 75.5% der Patchvektoren zutraf. Patchvektor $\vec{V}_3$ zeigt allerdings, dass durch die Kodierung der multiplen Eigenschaften auch andere Komponenten den größten Wert annehmen können. Ursprünglich war dieses Pseudozentrum mit dem Label Pi typisiert. Der Patchvektor enthält nun allerdings die Akzeptorkomponente mit 0.99 als stärkste Eigenschaft; Pi befindet sich mit 0.97 nur noch auf Rang zwei. Dies kann als Hinweis darauf angesehen werden, dass durch den Übergang zu multiplen Oberflächeneingenschaften die tatsächlich emittierten physikochemischen Merkmale ganzer Patches besser aufgespürt werden können als durch die ursprüngliche Typisierung mit nur einer diskreten Eigenschaft.

6.2 Scoringfunktion und Vergleich der Patchvektoren

Der letzte Versuch zeigte deutlich, dass die beschriebenen Änderungen in der Berechnung von Knoten- und Kantenscores sowie die Verwendung des Jaccard-Koeffizienten als Ähnlichkeitsmaß keine positiven Auswirkungen auf die Klassifikationsergebnisse hatten. Künftige Untersuchungen sollten daher wieder auf die ursprüngliche Implementierung der Scoringfunktion zurückgreifen, in der positive und negative Werte für Matches bzw. Mismatches von Knoten und Kanten vergeben werden. Sicherlich können auch noch weitere Ähnlichkeitsmaße für die Patchvektoren getestet oder der Jaccard-Koeffizient in Verbindung mit der anfänglich genutzten Scoringfunktion untersucht werden. Aus derzeitiger Sicht kann anhand der vorliegenden Ergebnisse nicht klar beurteilt werden, ob die niedrige Rate von 69.3% richtig klassifizierter Bindestellen durch die Verwendung des Jaccard-Koeffizienten, die alternative Scoringfunktion oder die Kombination aus beiden zu erklären ist. Weitere Untersuchungen zu diesem Aspekt ließen sich aufgrund der langen

Rechenzeiten für jeden Versuch nicht mehr realisieren.

6.3 Oberflächenschwerpunkt

Ebenfalls stellte sich offenbar die Annahme, dass es im Zuge der Erweiterungen sinnvoller sein könnte, nun die Oberflächenschwerpunkte als Graphknoten zu verwenden, als Fehlurteil heraus. Bei allen bisherigen Vergleichen wurden die gelabelten Pseudozentren letztlich zu Knoten eines Graphen transformiert. Mit diesen Graphen wurde daraufhin das Graph-Alignment durchgeführt. Seit der Erweiterung der Pseudozentren auf multiple Eigenschaften durch Einführung des Patchvektors schien es sinnvoll zu sein, nicht mehr die Koordinaten des Pseudozentrums als Graphknoten zu verwenden, sondern die des Oberflächenschwerpunkts; denn ein Patchvektor beschreibt nicht mehr nur die physikochemischen Eigenschaften eines einzelnen Pseudozentrums, sondern die eines ganzen Oberflächenbereichs. Die optimale Repräsentation eines solchen Bereichs schien dessen Schwerpunkt zu sein.

Es stellte sich jedoch heraus, dass bei dieser Vorgehensweise nur noch 70.14% ($k = 1$) korrekte Klassifizierungen erreicht wurden. Die Position der Pseudozentren scheint also auch bei der Verwendung der Patchvektoren noch von größerer Bedeutung für die Bindestellenvergleiche zu sein als die Schwerpunkte der Patches.

6.4 Oberflächenform

Die Oberflächencharakteristik der einzelnen Patches konnte hingegen durchaus zur Verbesserung der Resultate beitragen. Jedoch spielt dabei offenbar eine große Rolle, auf welche Weise die Krümmung der Patches im Algorithmus verwertet wird.

Wird lediglich die Krümmungsrichtung (konvex oder konkav) bei der Ähnlichkeits-
bestimmung zweier Patches berücksichtigt, verschlechtern sich die Ergebnisse sogar im Vergleich zum vorherigen Algorithmus, der die Oberflächenbeschaffenheit
völlig außer Acht lässt.

Die Bewertung der jeweiligen Krümmungsgrade scheint allerdings deutliches Ver-
besserungspotential zu beinhalten. Durch die Aufnahme des Quotienten $a = \frac{P_{Convexity}}{P_{Concavity}}$
konnten die Ergebnisse für $k = 1$ um fast 4% auf 80.3% verbessert werden. Dies
kann als Hinweis darauf verstanden werden, dass die Oberflächenform eines Re-
zeptorpatches bei der Bindung eines Liganden wirklich eine Rolle spielt, da Bindetaschen derselben Klasse jetzt höhere Scores erreichen. Unter dieser Voraussetzung
kann weiterhin angenommen werden, dass durch die angewendete Methode wP-
CA die Struktur einer Oberfläche schon relativ gut bestimmt werden kann, weil vor
allem die Berücksichtigung der Krümmungsgrade zu einer beträchtlichen Verbesserung der Ergebnisse führte. Demnach ist die Berücksichtigung von Oberflächenstrukturen eine durchaus förderliche Erweiterung, die durch Weiterentwicklungen
unter Umständen zu noch weitaus besseren Ergebnissen führen kann. Es ist bislang
unklar, warum sich nur die Ergebnisse für $k = 1$ in diesem Maße verbessern ließen.
Für alle $k > 1$ konnte keine Verbesserung erreicht werden und die Ergebnisse waren
teilweise bis zu 12% schlechter als bei der vorherigen Methode GA. Auch durch Va-
riationen der Schranke δ auf 0.3 und 0.6 ließ sich bisher keine weitere Zunahme der
korrekten Klassifikationen erreichen (Auf weitere Anpassungsmöglichkeiten von δ
wird insbesondere in Kapitel 7 eingegangen). Dies könnte dafür sprechen, dass die
Bindestellenvergleiche mit den verwendeten Parametrisierungen zu „scharf" for-
muliert waren. Die wenigen sehr ähnlichen Proteinbindestellen wurden daher mit
entsprechend hohen Scores bewertet; weitreichendere Vergleiche ($k > 1$) konnten
durch die engen Spielräume keine besseren Ergebnisse erzielen. Zukünftig könnten
günstigere Ansätze für die Verwendung der Konvexitäts- und Konkavitätsscores er-

arbeitet werden als der Quotient $\frac{P_{Convexity}}{P_{Concavity}}$. Es zeigte sich außerdem, dass die Qualität der Oberflächenbestimmung sehr stark von der Größe eines Patches beeinflusst wurde.

Daher könnte zukünftig auch die Patchgröße (Anzahl der Oberflächenpunkte) in den Vergleichsalgorithmus eingearbeitet werden.

Kapitel 7

Ausblick

7.1 Revalidierung der Bindetaschenatome

Durch die Einführung der Patchvektoren anstelle der bisherigen Labels für die physikochemischen Eigenschaften von Pseudozentren eröffnet sich auch noch die Möglichkeit einer weiteren Modifikation, über die es sich nachzudenken lohnt. Cavbase reduziert alle Bindetaschenatome auf eine bestimmte Menge an Pseudozentren. Dabei werden nur diese Atome beibehalten, die gewisse physikochemische Voraussetzungen erfüllen (siehe Seite 22). In einem nächsten Schritt wird diese Menge an Pseudozentren erneut vermindert. Es werden jetzt auch die Elemente entfernt, deren Interaktionsdirektionalität nicht in passender Weise zur Proteinoberfläche steht. Eine Bindestelle wird somit von einer ursprünglich großen Menge an Atomen reduziert auf eine deutlich kleinere Menge an Pseudozentren. Durch die neu eingeführten Patchvektoren könnten aber wieder alle ursprünglichen Informationen in den Bindestellenvergleichen verwendet werden, ohne die Programmlaufzeiten gravierend zu verlängern. Letztlich könnten die Informationen der Atome, die nicht zu

Pseudozentren geworden sind, ebenso in die Berechnung der Patchvektoren einflie-
ßen, wie es die übrigen Pseudozentren tun (siehe Seite 34). Damit ließe sich die
Approximation einer Bindestelle auf ein geringeres Maß reduzieren. Die Erhebung
der notwendigen Daten wäre sehr einfach, da alle Atomdaten immer noch — ebenso
wie die Daten der Pseudozentren — in den Bindestelleninformationen von Cavbase
enthalten sind.

7.2 Patchvektoren

Die Tatsache, dass durch den Einsatz des Jaccard-Koeffizienten für den Vergleich
zweier Patchvektoren schlechtere Ergebnisse erzielt wurden als es bei Verwendung
des Skalarprodukts der Fall war, muss selbstverständlich nicht bedeuten, dass dies
auch für andere Ähnlichkeitsmaße von Vektoren gilt. Darüber hinaus kann bislang
nicht eindeutig entschieden werden, ob die schlechteren Ergebnisse ein Resultat
des Jaccard-Koeffizienten oder der geänderten Scoringfunktion sind, da im entsprechenden Versuch beide Änderungen parallel durchgeführt wurden. Da die Rechenzeit für einen einzigen Versuch trotz des Einsatzes eines Rechnerclusters bis zu einer
Woche beträgt, ließen sich entsprechende Tests, die beide Änderungen unabhängig
voneinander untersuchen, in dieser Arbeit bedauerlicherweise nicht mehr durchführen. Es ist damit keineswegs auszuschließen, dass in zukünftigen Versuchen besser
geeignete Ähnlichkeitsmaße für den Vergleich von Patchvektoren gefunden werden
können.

7.3 Oberflächenform

Grundsätzlich sollte natürlich auch über andere Methoden als die wPCA zur Bestimmung der Oberflächenform von Patches nachgedacht werden. Selbst wenn die vorliegenden Ergebnisse nahe legen, dass die wPCA offenbar schon eine anerkennenswerte Lösung für dieses Problem darstellt, können sicherlich noch effektivere Ansätze entwickelt werden. Mit den bisherigen Methoden ließen sich nur die Ergebnisse verbessern, die im Kreuzvalidierungsverfahren mit $k = 1$ klassifiziert wurden. Für $k > 1$ ließen sich dagegen keine Ergebnisse verbessern. Für $k > 3$ fielen sogar nahezu alle Ergebnisse deutlich schlechter aus als bei den Algorithmen, welche die Oberflächenform gänzlich außer Acht lassen.

Zudem zeigte sich, dass die wPCA vorwiegend bei kleinen Patches beträchtliche Probleme hat, brauchbare Konvexitäts- und Konkavitätsscores zu ermitteln. Verständlicherweise kann die Prozedur dann die besten Ergebnisse für die Form liefern, wenn der Patch aus einer großen Menge an Oberflächenpunkten besteht, die Beiträge zu den beiden Scores leisten (siehe Seite 48). Durch den Einbau von zwei Erweiterungen wurde versucht, diese Schwierigkeit weitestgehend zu umgehen: Erstens wurde durch die Verwendung einer *weighted* PCA versucht, dieses Problem in den Griff zu bekommen, da in diesem Fall die Hauptkomponenten generell unabhängiger von der Position aller übrigen Punkte in den Raum platziert werden, als es bei einer normalen PCA der Fall wäre. Damit spielt die absolute Größe eines Patches bei der Berechnung der Hauptkomponenten in einer wPCA eine kleinere Rolle als bei einer ungewichteten PCA. Zweitens wurde die Bestimmung der Oberflächenbeschaffenheit um eine Schranke ergänzt, die eine Berechnung der beiden Scores generell nur noch dann zuließ, wenn der aktuelle Patch aus mindestens fünf Oberflächenpunkten bestand. Diese Problematik zeigt einen großen Nachteil der wPCA. Durchschnittlich existieren pro Bindetasche etwa 10% Patches, die aus weniger als fünf Punkten bestehen[1]. Es sollte deshalb eine Methode angestrebt werden, die qualitative Informationen bezüglich der Oberflächenform unabhängiger von der Patchgröße bestimmen kann. Eine Möglichkeit dies zu erreichen könnte darin bestehen, eine konvexe bzw. konkave Funktion ausgehend vom Oberflächenschwerpunkt oder dem Pseudozentrum optimal an die Menge der Oberflächenpunkte anzunähern, um somit die Oberflächenform ermitteln zu können.

Eine vorzeitige *ad-hoc*-Lösung für das Problem könnte darin bestehen, die Patchgröße (Anzahl der Oberflächenpunkte) in der Vergleichsmethode zu berücksichtigen. Beispielsweise könnten Patches, die aus sehr vielen Punkten bestehen, ein entsprechend hohes Gewicht zugewiesen werden. Beim Vergleich zweier Patches mit sehr hohen Gewichten wird dem Ergebnis dann in ähnlichem Maße eine große Bedeutung zugesprochen. Auf diese Weise würde genau den Patches die größte Beachtung geschenkt, deren Oberflächenscores für Konvexität und Konkavität mit hoher Wahrscheinlichkeit richtig bestimmt wurden.

7.3.1 Lokale Konvexitäts- und Konkavitätsscores

Die Oberflächencharakteristik wurde bislang durch die Berechnung von globalen Konvexitäts- und Konkavitätsscore bestimmt. Diese beiden Werte wurden also für den gesamten Oberflächenpatch bestimmt, indem die Scores aller Oberflächenpunkte eines Patches aufsummiert wurden (siehe Kapitel 4.4.4). Somit wurden also auch ein *lokaler* Score der Konvexität sowie ein Score der Konkavität für die unmittelbare Umgebung jedes einzelnen Oberflächenpunktes berechnet. Es bietet sich deshalb an, diese in Zukunft ebenfalls in den Vergleichsstrategien zu verwenden. Anstatt

---

[1]Dieser Durchschnittswert wurde anhand einer Bindestelle des N-Ethylmaleimid-sensitiven Faktors (PDB-ID: 1NSF) ermittelt, die aus 80 Patches (Pseudozentren) besteht.

der Formvergleiche ganzer Patches könnten dann auch Substrukturen der Oberflächenformen in die Vergleichsalgorithmen aufgenommen werden. Es könnten durch die Berücksichtigung der Substrukturen weitere Gemeinsamkeiten in Patchoberflächen identifiziert werden, die zuvor aufgrund der globalen Betrachtungsweise nicht bemerkt wurden.

Durch lokale Konvexitäts- und Konkavitätsscores aller Oberflächenpunkte ließe sich zudem ein erneutes *Clustering* der gesamten Bindetaschenoberfläche durchführen. Das neue Clustering-Verfahren könnte in der Lage sein, die Punkte gemäß ihrer Oberflächenscores neu zu gruppieren. Dadurch würde eine neue Menge von Patches entstehen, die die Oberflächeneigenschaften einer Bindetasche möglicherweise besser repräsentiert, als es bei der ursprünglichen Darstellung der Fall war. Bislang werden alle Oberflächenpunkte zu Patches zusammengefasst, die dasselbe nächstgelegene Pseudozentrum besitzen. In Hinsicht auf einen Formvergleich zweier Proteinbindestellen ist diese Vorgehensweise allerdings eher ungünstig, da nur wenig Information über das Erscheinungsbild der Proteinaußenseite gespeichert wird. Durch ein erneutes Clustering ließen sich zumindest Informationen über Größe und Intensität einzelner Erhebungen bzw. Vertiefungen der SAS zugänglich machen. Natürlich stellt sich in einem solchen Fall die Frage, wie entsprechende Bindestellenvergleiche zu realisieren sind. Denn statt der bisherigen Menge an Pseudozentren stehen nun gewissermaßen zwei Mengen zur Verfügung. Bei der ersten handelt es sich um die Zusammenstellung der Pseudozentren einschließlich ihrer physikochemischen Eigenschaften, wie sie auch bisher schon verwendet wurde. Die zweite Menge würde Patches gemäß des neuen Oberflächenform-Clusterings enthalten. Eventuell müssten somit zwei unabhängige Scores berechnet werden, die anschließend wieder zu einem Gesamtscore addiert werden.

7.3.2 Anpassung des Parameters δ

Wie die Untersuchung von 2000 zufälligen Patches in Kapitel 5.2.4 zeigte, kann der Quotient a der Oberflächenscores grundsätzlich Werte aus einem sehr breiten Intervall annehmen. So wurden in dieser Analyse Werte von 0.6 bis zu 295.5 beobachtet. Wie bereits erwähnt, befindet sich die überwiegende Mehrheit der Daten in einem relativ schmalen Bereich (ca. 0.75 bis 3.75), so dass sich ein Parameter δ von etwa 0.5 bis 1 anbietet. Es sollte in weiteren Versuchen dennoch festgestellt werden, welchen Einfluss größere Werte von δ auf die Klassifikationsergebnisse haben. Tests dieser Art konnten ebenfalls aufgrund der langen Programmlaufzeiten nicht mehr im Rahmen dieser Diplomarbeit durchgeführt werden.

7.4 Implementierung in anderen Vergleichsverfahren

Es wäre interessant zu sehen, welche Resultate die beschriebenen Erweiterungen in anderen Vergleichsverfahren als dem Greedy-Ansatz des Graph-Alignments erzielen können. Klassifikationsversuche in vergangenen Arbeiten zeigten bereits, dass GAVEO deutlich bessere Ergebnisse erreichte als GA. Darüber hinaus wurden *fingerprint kernels* entwickelt, die nochmals höhere korrekte Klassifikationsraten hervorbrachten (Fober *et al.*, 2009b). Eine Erweiterung dieser Methoden könnte die Ergebnisse einmal mehr verbessern.

Anhang A

A.1 Parser für Cavbase-Dateien

Um die Informationen einer Proteinbindestelle für weitere Bearbeitungen zugänglich zu machen, musste zunächst ein Parser implementiert werden, der die gespeicherten Informationen von Cavbase in ein für die Weiterverarbeitung brauchbares Format konvertiert. Die Bindetaschendaten werden von Cavbase zunächst in Textdateien mit dem Namen *PDB-ID.CAV-ID.rlbcoor* gespeichert. PDB-ID bezeichnet dabei die ID des Proteins in der *Protein Data Bank* und CAV-ID ist eine laufende Nummer über die putativen Bindetaschen, die der LIGSITE-Algorithmus in diesem Protein identifiziert hat. Ein Beispiel für diese Nomenklatur ist *1nsf.2.rlbcoor* für die zweite Bindestelle des Proteins „N-Ethylmaleimid-sensitiver Faktor" (PDB-ID: 1NSF). Die Dateien enthalten Angaben zu diversen Elementen der Proteinstruktur und zusätzliche Informationen. Neben den Pseudozentren findet man auch Informationen zu Ionen in der Molekülstruktur, Atomen der Bindetasche, gebundenen Liganden, beteiligten Wassermolekülen und Proteinketten. Von hauptsächlichem Interesse sind in dieser Arbeit allerdings nur die Daten bezüglich der Pseudozentren und Oberflächenpunkte. Zum Einlesen dieser Informationen wurde eine Java-Klasse *CavbaseFileReader* als Parser entwickelt, die unter anderem Methoden für die Erzeugung von Objekten der Klassen *Pseudocenter* und *SurfaceNode* enthält. Im Folgenden soll die Datenhaltung von Pseudozentren und Oberflächenpunkten in den Cavbase-Dateien kurz beschrieben werden.

A.1.1 Pseudozentren

Pseudozentren werden in Cavbase-Dateien in einem festen Format aufgezählt:

```
1 Acceptor 1 SER 501 - 1 14.9710 32.8550 21.1370
3 Pi 2 TYR 502 - 1 13.1240 35.1570 19.1880
1 Acceptor 3 TYR 502 - 1 12.7770 34.9850 18.0220
3 Pi 4 ILE 503 - 1 15.7050 37.5790 19.0500
0 Donor 5 MET 504 - 1 16.5970 36.5900 19.0350
3 Pi 6 ASN 505 - 1 18.3130 39.8460 15.8070
0 Donor 7 ASN 505 - 1 18.4290 37.8770 17.3060
1 Acceptor 8 ASN 505 - 1 18.4840 40.2220 14.6450
0 Donor 9 ASN 505 - 0 20.9050 35.7490 15.7020
...
```

Von links nach rechts werden folgende Eigenschaften der Zentren aufgeführt:

1. Pseudozentren-ID. Jeder Pseudozentrentyp (Akzeptor, Donor etc.) besitzt eine eindeutige Kennziffer (0 bis 6)

2. Name des Pseudozentrentyps

3. laufende Nummer des Pseudozentrums

4. Drei-Buchstabencode der Aminosäure, in der sich das Pseudozentrum befindet

5. Nummer der Aminosäure, in der sich das Pseudozentrum befindet

6. ID der Peptidkette, in der sich das Pseudozentrum befindet, sofern das Protein aus mehr als einer Kette besteht

7. Information, ob sich das Pseudozentrum im Rückgrat der Peptidkette befindet
   (1) oder nicht (0)

8. X-Koordinate

9. Y-Koordinate

10. Z-Koordinate

A.1.2 Oberflächenpunkte

Entgegen der reichhaltigen Daten, die von Pseudozentren in den Cavbasedateien
verfügbar sind, werden von den Oberflächenpunkten lediglich Informationen über
deren Position im Raum sowie das näheste Pseudozentrum gehalten:

```
40  1  9  18
40  1  10 18
38  2  7  17
38  2  7  18
35  2  7  19
38  2  8  17
40  2  8  18
. . .
```

Zu Beginn jeder Zeile findet sich die Nummer des Pseudozentrums, dem dieser
Oberflächenpunkt zugewiesen ist. Es folgen die drei Koordinatenangaben x, y und
z zur Position des Punktes. Da diese Angaben aber die Schritte des LIGSITE-
Algorithmus repräsentieren und somit keine absoluten Werte sind, müssen sie zunächst wieder in die ursprünglichen Werte transformiert werden. In der Datei existiert dafür eine Angabe zum Ursprung des Gitters, das von LIGSITE auf dem Protein platziert wurde.

```
_relibase_surface_origin_x 5.5080
_relibase_surface_origin_y 22.2570
_relibase_surface_origin_z 3.2300
```

Die realen Koordinaten lassen sich somit über die Formeln

$$originX + (x \cdot 0.5) \tag{A.1}$$

$$originY + (y \cdot 0.5) \tag{A.2}$$

$$originZ + (z \cdot 0.5) \tag{A.3}$$

berechnen. Die eingelesenen Punkte werden dann in die Liste von Oberflächen-punkten des jeweiligen Pseudozentrums eingefügt (Listing A.1).

```
1  for (int i = 0; i < pseudocenters.size(); i++) {
2        for (int j = 0; j < nodes.size(); j++) {
3              if (nodes.get(j).getPseudocenterNumber() ==
4                    pseudocenters.get(i).getNumber())
5              {
6                    pseudocenters.get(i).addSurfaceNode(
7                          nodes.get(j));
8              }
9        }
10 }
```

Listing A.1: Zuweisung der Oberflächenpunkte an Pseudozentren

Im UML-Klassendiagramm in Abbildung A.1 ist diese Liste als Eigenschaft mit dem Namen *surfaceNodes* bezeichnet.

A.2 Anpassungen von Java-Klassen

Die Erweiterungen der Bindestellenrepräsentationen machten natürlich einige An-passungen an bereits bestehenden Objektklassen notwendig. Genauer gesagt han-delt es sich dabei um eben die Programmteile, die beim Greedy Graph-Alignment

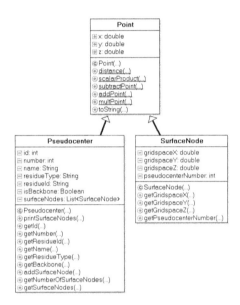

Abbildung A.1: UML-Klassendiagramm der Klassen *Pseudocenter* und *SurfaceNode*. Die beiden Objektklassen erben Eigenschaften und Methoden bezüglich der Position im euklidischen Raum von der Klasse *Point*. In der Eigenschaft *surfaceNodes* enthält jedes Klassenobjekt von Pseudocenter eine Liste aller Oberflächenpunkte, die ihm zugewiesen sind.

und dem Erstellen des Produktgraphen (siehe Seite 29) eine Rolle spielen. Insgesamt wurden vier Klassen auf die neuen Anforderungen abgestimmt: Coords.java, ClassicEvaluation.java, ProductGraph.java und GreedyPairwiseAlignment.java.

A.2.1 Coords.java

Diese Klasse liefert den Bauplan für die Knoten der Graphen, die im Graph-Alignment miteinander verglichen werden. Die Informationen, die diese Knoten tragen, haben sich nach den oben genannten Erweiterungen dahingehend geändert, dass jeder Knoten einen Eigenschaftsvektor (Patchvektor) statt eines eindeutigen Typenlabels besitzt. Zudem erhält jeder Knoten den Konvexitäts- und Konkavitätsscore des Patchs, den er repräsentiert.

```
1    package Utilities;
2
3    import java.io.Serializable;
4    import Processor.PhysicochemicVector;
5
6    public class Coords implements Serializable, Cloneable
7    {
8            final static long serialVersionUID = 7213022419557340L;
9            private double x, y, z;
10           private PhysicochemicVector patchVector;
11           private String label;
12           private double convexity, concavity;
13
14           public Coords(Coords c)
15           {
16                   this.x = c.x;
17                   this.y = c.y;
18                   this.z = c.z;
19                   this.label = c.label;
20                   this.patchVector = c.patchVector;
21                   this.convexity = c.convexity;
22                   this.concavity = c.concavity;
23           }
24
25           public Coords(double x, double y, double z,
26                           PhysicochemicVector patchVector,
```

```
27                          double convexity, double concavity)
28          {
29                  this.x = x;
30                  this.y = y;
31                  this.z = z;
32                  this.label = "Vector";
33                  this.patchVector = patchVector;
34                  this.convexity = convexity;
35                  this.concavity = concavity;
36          }
37
38          ...
39  }
```

Listing A.2: Coords.java

Das Objekt *Coords* (siehe Listing A.2) erhält dafür die neue Eigenschaft *patchVector* vom Typ *PhysicochemicVector* (Zeilen 4 und 10) sowie zwei neue Eigenschaften *convexity* und *concavity* vom Typ *double* (Zeile 12). Die Konstruktoren *public Coords(...)* wurden zudem entsprechend angepasst.

A.2.2 ProductGraph.java

Bei der Erstellung des Produktgraphen wurden bislang die Typen der Knoten beider Eingabegraphen miteinander verglichen und im Erfolgsfall ein neuer Knoten in den Produktgraphen eingefügt. Diese Stringvergleiche müssen jetzt durch Patchvergleiche, welche die Ähnlichkeit zweier Patchvektoren und Oberflächenformen bewerten, ersetzt werden.

```
1   package GreedyStrategy;
2
3   import java.util.ArrayList;
4   import Utilities.*;
5
6   public ProductGraph(Graph g1, Graph g2, double epsilon)
7   {
8           ...
9
10          if (ClassicEvaluation.matchPatches(
```

```
11                      g1.coords.get(i), g2.coords.get(j))
12                      == true)
13          {
14              ProductNode node = new ProductNode();
15              node.node1 = i;
16              node.node2 = j;
17              productNodes.add(node);
18          }
19
20          ...
21  }
```

Listing A.3: ProductGraph.java

Wie in Listing A.3 zu sehen, wurde dafür eine neue Methode *matchPatches(...)* implementiert (Zeile 10). Zuvor wurden lediglich zwei Strings miteinander verglichen:

```
if (g1.nodes[i].compareTo(g2.nodes[j]) == 0)
```

Die Funktion *matchPatches(...)* wird im folgenden Absatz genauer beschrieben.

A.2.3 ClassicEvaluation.java

Die Klasse ClassicEvaluation.java stellt unter anderem die Methoden zur Berechnung der Knoten- und Kantenscores eines Graph-Alignments bereit. Die Methode *nodeScore* bedarf einer Anpassung, da auch hier bislang nur Stringvergleiche der Knotentypen vorgenommen wurden. Nach der Aktualisierung erscheint die Methode wie in Listing A.4 dargestellt.

```
1  package Utilities;
2
3  import EvolutionaryAlgorithm.*;
4
5  private static double nodeScore(int[][] alignment,
6                  Graph[] graphs, EvalParameter parameter)
7  {
```

```
8              ...
9
10             // Match:
11             if (alignment[j][i] != -1 &&
12                     alignment[k][i] != -1 &&
13                     matchPatches(
14                             graphs[j].coords.get(alignment[j][i]),
15                             graphs[k].coords.get(alignment[k][i]))
16                             == true) {
17                     nodeScore = nodeScore + parameter.match;
18             }
19             // Mismatch:
20             if (alignment[j][i] != -1 &&
21                     alignment[k][i] != -1 &&
22                     matchPatches(
23                             graphs[j].coords.get(alignment[j][i]),
24                             graphs[k].coords.get(alignment[k][i]))
25                             == false) {
26                     nodeScore = nodeScore + parameter.mismatch;
27             }
28
29             ...
30
31             return nodeScore;
32     }
```

Listing A.4: ClassicEvaluation.java

In Zeile 13 und 22 werden nun Patches verglichen statt wie bisher die Stringvergleiche:

```
graphs[j].nodes[alignment[j][i]].compareTo(
    graphs[k].nodes[alignment[k][i]]) == 0
```

und

```
graphs[j].nodes[alignment[j][i]].compareTo(
    graphs[k].nodes[alignment[k][i]]) != 0
```

durchgeführt.

Kommen wir jetzt zur Methode *matchPatches(Coords nodeA, Coords nodeB)*, die zwei Patches *nodeA* und *nodeB* miteinander vergleicht (Listing A.5).

```
1  public static Boolean matchPatches(Coords nodeA, Coords nodeB)
2  {
3          double simThr = 0.7;          // Similarity threshold
4
5          // Check for similar patch vectors
6          if (nodeA.getPatchVector()
7                  .scalarProduct(nodeB.getPatchVector())
8                  >= simThr)
9          {
10                 // Check for the same surface characteristic
11                 if (nodeA.getConvexity() >
12                         nodeA.getConcavity() &&
13                         nodeB.getConvexity() <
14                         nodeB.getConcavity())
15                         return false;
16                 else return true;
17         }
18         else return false;
19 }
```

Listing A.5: ClassicEvaluation.java

Die Methode gibt *true* zurück, falls die beiden Patches als ähnlich anerkannt werden, ansonsten *false*. Beim vorliegenden Quellcode werden zwei Patches als ähnlich beurteilt, wenn zwei wesentliche Bedingungen erfüllt werden:

1. Das Skalarprodukt beider Patchvektoren ist mindestens 0.7. Diese Schwelle hat sich bereits in vergangenen Arbeiten bewährt, da bei dieser Einstellung auch ein Donor/Akzeptor-Patch und ein Donor-Patch noch als ähnlich erkannt werden (Kuhn, 2004). Gleiches gilt für den Vergleich eines Donor/Akzeptor-Patchs mit einem Akzeptor-Patch. Donor/Akzeptor-Pseudozentren liefern für die Vektoren der Oberflächenpunkte die Beiträge

$$(0.7, 0.7, 0.0, 0.0, 0.0, 0.0) \qquad (A.4)$$

Sowohl die Donor- als auch die Akzeptorkomponente erhalten also einen Anteil von 0.7. Wird ein solcher Patchvektor mit dem Vektor $\vec{V}$ eines Donorpatches verglichen, der den Aufbau

$$\vec{V} = (1.0, 0.0, 0.0, 0.0, 0.0, 0.0) \qquad (A.5)$$

88

besitzt, ist das Skalarprodukt der beiden Vektoren immer noch

$$1.0 \cdot 0.7 + 0.0 \cdot 0.7 + 0.0 \cdot 0.0 + 0.0 \cdot 0.0 + 0.0 \cdot 0.0 + 0.0 \cdot 0.0 = 0.7 \quad \text{(A.6)}$$

In Kapitel 5.2.4 werden die Auswirkungen diverser Schwellenwerte sowie anderer Ähnlichkeitsmaße (beispielsweise des Jaccard-Koeffizienten) diskutiert.

2. Die beiden Patches müssen eine ähnliche Oberflächencharakteristik aufweisen. Überwiegt bei einem Patch der Konvexitätsscore gegenüber dem Konkavitätsscore, müssen sich die beiden Werte beim anderen Patch ebenso verhalten. Auch hier werden in Kapitel 5.2.4 verschiedene Modifikationen und Erweiterungen untersucht.

Literaturverzeichnis

A. Bergner, J. Günther, M. Hendlich, G. Klebe, and M. Verdonk. Use of relibase for retrieving complex three-dimensional interaction patterns including crystallographic packing effects. *Biopolymers.*, 62(2):99–110, 2001–2002.

H. M. Berman. The protein data bank. *Nucleic Acids Res.*, 28:235–242, 2000.

K. M. Borgwardt and H. P. Kriegel. Shortest-path kernels on graphs. In *International Conference on Data Mining*, pages 74–81, Houston, Texas, 2005.

J. Boström. Reproducing the conformations of protein-bound ligands: a critical evaluation of several popular conformational searching tools. *Journal of Computer-Aided Molecular Design*, 15:1137–52, 2001.

J. Boström, P.-O. Norrby, and T. Liljefors. Conformational energy penalties of protein-bound ligands. *Journal of Computer-Aided Molecular Design*, 12:383–96, 1998.

J. Boström, J. R. Greenwood, and J. Gottfries. Assessing the performance of omega with respect to retrieving bioactive conformations. *Journal of Molecular Graphics and Modeling*, 21:449–62, 2003.

D. B. Boyd. Rational rug design: controlling the size of the haystack. *Modern Drug Discov*, 6:41–48, 1998.

C. Bron and J. Kerbosch. Algorithm 457: Finding all cliques of an undirected graph. *Communications of the ACM*, 16(9):575–577, 1973.

A. Burger. Isosterism and bioisosterism in drug design. *Prog Drug Res.*, 37:287–371, 1991.

S. K. Burley, S. C. Almo, J. B. Bonanno, M. Capel, M. R. Chance, T. Gaasterland, D. Lin, A. Sali, F. W. Studier, and S. Swaminathan. Structural genomics: beyond the humen genome project. *Nature Genet.*, 23:151–157, 1999.

N. E. Chayen, T. J. Boggon, A. Casetta, A. Deacon, T. Gleichmann, J. Habash, S. J. Harrop, J. R. Helliwell, Y. P. Nieh, M. R. Peterson, J. Raftery, E. H. Snell, A. Hädener, A. C. Niemann, D. P. Siddons, V. Stojanoff, A. W. Thompson, T. Ursby, and M. Wulff. Trends and challenges in experimental macromolecular crystallography. *Quart Rev Biophys*, 29:227–278, 1996.

G. M. Clore and A. M. Gronenborn. Structures of larger proteins in solution: Three- and four-dimensional heteronuclear nmr spectroscopy. *Science*, 252:1390–1399, 1991.

M. L. Connolly. Analytical molecular surface calculation. *Journal of Applied Crystallography*, 16(5):548–558, Oct 1983.

P. A. M. Dirac. Quantum mechanics of many-electron systems. *Proc. R. Soc. London*, 123:714–733, 1929.

J. Drenth. *Principles of Protein X-ray Crystallography.* Springer, New York, 1999.

Paul Ehrlich. Über den jetzigen stand der chemotherapie. *Berichte der Deutschen Chemischen Gesellschaft*, 42:17–47, 1909.

J. W. Engels, I. M. Lagoja, and T. Russ. Organische chemie. Vorlesungsskript, Frankfurt University, Germany, 2006.

T. Fober, M. Mernberger, G. Klebe, and E. Hüllermeier. Evolutionary construction of multiple graph alignments for the structural analysis of biomolecules. *Bioinformatics*, 25(16):2110–7, 2009a.

Thomas Fober and Eyke Hüllermeier. Fuzzy modeling of labeled point cloud superposition for the comparison of protein binding sites. In *IFSA 2009 World Congress; EUSFLAT 2009 World Conference*, pages 1299–1304, Lisbon, Portugal, 2009.

Thomas Fober, Marco Mernberger, Vitalik Melnikov, Ralph Moritz, and Eyke Hüllermeier. Extension and empirical comparison of graph-kernels for the analysis of protein active sites. In *Lernen, Wissen, Adaptivität*, pages 30–36, 2009b.

J. F. Gibrat, T. Madej, and S. H. Bryant. Surprising similarities in structure comparison. *Current Opinion in Structural Biology*, 6(3):377–385, 1996.

J. P. Glusker, M. Lewis, and M. Rossi. *Crystal Structure Analysis for Chemists and Biologists*. VCH, Weinheim, 1994.

T. Gärtner. A survey of kernels for structured data. *SIGKKD Explorations*, 5(1): 49–58, 2003.

M. Hendlich. Databases for protein-ligand complexes. *Acta Crystallogr D Biol Crystallogr.*, 54(Pt 6 Pt 1):1178–82, 1998.

M. Hendlich, F. Rippmann, and G. Barnickel. Ligsite: automatic and efficient detection of potential small molecule-binding sites in proteins. *J Mol Graph Model.*, 15(6):359–63, 389, 1997.

Manfred Hendlich, Andreas Bergner, Judith Günther, and Gerhard Klebe. Relibase: Design and development of a database for comprehensive analysis of protein-ligand interactions. *Journal of Molecular Biology*, 326(2):607 – 620, 2003.

J. Kirchmair, C. Laggner, G. Wolber, and T. Langer. Comparative analysis of protein-bound ligand conformations with respect to catalyst's conformational space subsampling algorithms. *Journal of Chemical Information and Modeling*, 45:422–30, 2005.

Gerhard Klebe. *Wirkstoffdesign*. Spektrum Akademischer Verlag, Heidelberg, 2009.

Donald E. Knuth. *The Art of Computer Programming*, volume 3. Addison-Wesley, 2nd edition edition, 1981.

D. Kuhn. *Beschreibung von Proteinbindetaschen für Funktionsstudien und de Novo-Design und die Entwicklung von Methoden zur funktionellen Klassifizierung von Proteinfamilien*. PhD thesis, Philipps-Universität Marburg, 2004.

D. Kuhn, N. Weskamp, S. Schmitt, E. Hüllermeier, and G. Klebe. From the similarity analysis of protein cavities to the functional classification of protein families using cavbase. *J. Mol. Biol.*, 359:1023–1044, 2006.

R. A. Laskowski, N. M. Luscombe, M. B. Swindells, and J. M. Thornton. Protein clefts in molecular recognition and function. *Protein Sci.*, 5:2438–2452, 1996.

Vladimir I. Levenshtein. Binary codes capable of correcting deletions, insertions, and reversals. *Doklady Akademii Nauk SSSR*, 163(4):845–848, 1965.

Xiao Qing Lewell, Duncan B. Juidd, Stephen P. Watson, and Michael M. Hann. Recap - retrosynthetic combinatorial analysis procedure: A powerful new technique for identifying privileged molecular fragments with useful applications in combinatorial chemistry. *J. Chem. Inf. Comput. Sci.*, 38:511–522, 1998.

C. A. Lipinski, F. Lombardo, B. W. Dominy, and P. J. Feeney. Experimental and computational approaches to estimate solubility and permeability in drug discovery and development settings. *Adv. Drug Deliv. Rev.*, 46:3–26, 2001.

Y. C. Martin, P. Willet, S. R. Heller, and Eds. Designing bioactive molecules. *Washington, DC: American Chemical Society*, 1999.

John B. O. Mitchell, Roman A. Laskowski, Alexander Alex, Mark J. Forster, and Janet M. Thornton. Bleep - potential of mean force describing protein]ligand interactions. *J. Comp. Chem.*, 20(11):1177–1185, 1999.

M. C. Nicklaus, S. M. Wang, J. S. Driscoll, and G. W. A. Milne. Conformational-changes of small molecules binding to proteins. *Bioorganic and Medicinal Chemistry*, 3:411–28, 1995.

K. Pearson. On lines and planes of closest fit to a system of points in space. *The London, Edinburgh, and Dublin Philosophical Magazine and Journal of Science*, 6(2):559–572, 1901.

E. Perola and P. S. Charifson. Conformational analysis of drug-like molecules bound to proteins: an extensive study of ligand reorganization upon binding. *Journal of Medicinal Chemistry*, 47:2499–510, 2004.

Mark J. Post. Minimum spanning ellipsoids. *Proc. 16th Annual ACM Symposium on Theory of Computing*, 16:108–116, 1984.

F. P. Preparata and Hong S. J. Convex hulls of finite sets of points in two and three dimensions. *Communications of the ACM*, 20(2):87–93, 1977.

E. Proschak, M. Rupp, S. Derksen, and G. Schneider. Shapelets: Possibilities and limitations of shape-based virtual screening. *J. Comput. Chem.*, 2007.

B. Rost. Marrying structure and genomics. *Structure*, 6:259–263, 1998.

T. S. Rush, 3rd Grant, J. A., L. Mosyak, and A. Nicholls. A shape-based 3-d scaffold-hopping method and its application to a bacterial protein-protein interaction. *J. Med. Chem.*, 48:1489–1495, 2005.

J. Sadowski and J. Boström. Mimumba revisited: torsion angle rules for conformer generation derived from x-ray structures. *Journal of Chemical Information and Modeling*, 46:2305–9, 2006.

Bernhard Schölkopf and Alexander J. Smola. Learning with kernels: Support vector machines, regularization, optimization, and beyond. Technical report, MIT, 2002.

S. Schmitt. *Entwicklung einer neuen Methode zum Sequenz- und Faltungsmuster-unabhängigen Vergleich von Protein-Bindetaschen.* PhD thesis, Philipps-Universität Marburg, 2000.

S. Schmitt, D. Kuhn, and G. Klebe. A new method to detect related function among proteins independent of sequence and fold homology. *J. Mol. Biol.*, 323:387–406, 2002.

G. Schneider and K.-H. Baringhaus. *Molecular Design.* Wiley-Vch, 2008.

R. Seidel. Small-dimensional linear programming and convex hulls made easy. *Symposium on Discrete Algorithms*, 7:132–141, 1996.

Lindsay I. Smith. A tutorial on principal components analysis. Technical report, University of Otago, New Zealand, 2002.

T. T. Tanimoto. Ibm internal report. Technical report, IBM, 1957.

J. M. Thornton, A. E. Todd, D. Milburn, N. Borkakoti, and C. A. Orengo. From structure to function: approaches and limitations. *Nature Struct. Biol.*, 7:991–994, 2000.

M. Vieth, J. D. Hirst, and C. L. Brooks. Do active site conformations of small ligands correspond to low free-energy solution structures? *Journal of Computer-Aided Molecular Design*, 12:563–72, 1998.

N. Weskamp. *Efficient Algorithms for Robust Pattern Mining on Structured Objects with Applications to Structure-Based Drug Design*. PhD thesis, Philipps-Universität Marburg, 2006.

K. Wüthrich. *NMR of Proteins and Nucleic Acids*. Wiley, New York, 1986.

www.ingramcontent.com/pod-product-compliance
Lightning Source LLC
LaVergne TN
LVHW092340060326

832902LV00008B/738